MW01138840

Jean e Roscoe vanno a Perugia

Jean L. Farinelli

**Esercizi della
Dott.ssa Anna Ignone**

EDIZIONI FARINELLI

Anche di Jean Farinelli

Diario della studentessa Jean

Published by
Edizioni Farinelli
20 Sutton Place South
New York, NY 10022
Tel: 212.751.2427
Email: jfarinelli@mindspring.com

ISBN 978-0-9723562-1-3

Printed in the United States of America

Design and Illustrations by Tandem - www.tandemgraphic.com

Jean L. Farinelli abita e lavora a New York. È nata negli Stati Uniti, a Philadelphia. Ha lavorato trenta anni nel campo delle relazioni pubbliche sia come dirigente che come Presidente. Attualmente lavora come consulente in alcune ditte, scrive articoli di carattere finanziario su alcuni giornali e ha cominciato a scrivere una serie di piccoli libri in lingua italiana per studenti che studiano l'italiano come seconda lingua. Ha due lauree: in giornalismo e in pubblica amministrazione.

La Dott.ssa Anna Ignone è nata a Brindisi, in Italia. Si è laureata in filosofia all'Università di Pisa. Insegna l'italiano come L2 da oltre vent'anni nei corsi dell'Università per Stranieri di Perugia e nei corsi di aggiornamento per insegnanti d'italiano sia in Italia che all'estero. Nell'ambito dell'attività di ricerca scientifica, si occupa di aspetti morfosintattici dell'interlingua di studenti di italiano L2 in apprendimento guidato.

Ringraziamenti

Voglio ringraziare Anna Ignone e tutti coloro che mi hanno aiutato nel lavoro: Rossana Ceruzzi, Katerina Czarnecki, Francesca Leonardi, Pamela Marcantonio, Maria Massimi e Shannon Reeves.

Jean Farinelli
New York City
2004

Indice

La sezione degli esercizi alla fine di ogni capitolo
è stata realizzata dalla Dott.ssa Anna Ignone.

Introduzione

Dopo un anno di studi della lingua italiana a New York, i due amici Jean e Roscoe hanno deciso di iscriversi a un corso d'italiano all'Università per Stranieri di Perugia.

Hanno scoperto questa università grazie alla loro insegnante che gliene ha parlato con tanto entusiasmo. Lei pensava che questo corso avrebbe aiutato Jean a parlare con più sicurezza e speditamente e che a Roscoe sarebbe piaciuta molto Perugia, la scuola e tutte le cose che ci sono in Italia. Così il suggerimento della loro insegnante ha convinto tutti e due a andare in Italia a perfezionarsi nella lingua italiana.

Jean ha fatto una ricerca approfondita su Internet per trovare più informazioni possibili riguardanti l'università, i corsi e dove abitare. Come sempre Roscoe ha lasciato tutta l'iniziativa a Jean. Nel mese di marzo Jean ha deciso di iscriversi con Roscoe a un corso intensivo per tutto il mese di settembre. Prima, però, i due amici hanno dovuto finire di studiare tutti i verbi con i relativi tempi. Settimana dopo settimana hanno studiato diligentemente e alla fine di agosto hanno finito e sono partiti.

Questo libro descrive le avventure di Jean e Roscoe a Perugia.

1 • FACENDO LE VALIGIE

(Jean è a casa di Roscoe. Ci sono cinque valigie aperte sul letto.)

Roscoe: "Hmm ... molto bene, queste scarpe vanno bene in questa valigia. Ancora altre due valigie da fare."

Jean: "Roscoe che stai facendo?"

Roscoe: "Non vedi? Ho preparato cinque valigie per andare a Perugia: la prima per le scarpe, la seconda per i vestiti, la terza per i miei cuscini, la quarta per i libri e la quinta per altre cose."

Jean: "Sei pazzo? Non puoi portare cinque valigie!"

Roscoe: "Perché no? Fammi capire. Non è vero che stiamo andando a Perugia per un mese?"

Jean: "Sì, sì. Ma ... ma non è possibile portare cinque valigie, perché la compagnia aerea permette di portarne solamente due a persona."

Roscoe: "Beh! Mi sembra una regola stupida! Come posso andare via per un mese con soltanto due valigie? È impossibile!"

Jean: "Roscoe, non è impossibile. La gente lo fa ogni giorno quindi puoi farlo anche tu."

(Roscoe guarda le cinque valigie, chiude i grandi occhi neri e si siede sopra la valigia.)

Jean: "Adesso, che cosa stai facendo?"

Roscoe: "Non ci vengo, se non posso portarle tutte."

Jean: "Roscoe, scherzi? Perché hai bisogno di sette paia di scarpe? Perché vuoi portare tanti libri? E, per favore, spiegami, perché hai messo in una valigia quattro cuscini? L'albergo ne ha tanti."

Roscoe: "Non dormo bene con altri cuscini. Ho bisogno dei miei. Per quanto riguarda le scarpe, penso che sia importante cambiarle ogni giorno."

Jean: "E tutti questi libri?"

Roscoe: "Mi piacciono e mi sento molto più sicuro quando ho molti libri con me."

Jean: "È da molti mesi che mi dici che il tuo più grande desiderio è quello di fare questo viaggio. Non è vero?"

Roscoe: "Sì."

Jean: "Allora dobbiamo mettere le tue cose in due sole valigie. Possiamo farlo insieme, se vuoi. D'accordo?"

Roscoe: "Va bene, ci proverò."

(Roscoe comincia a pensarci.)

Roscoe: "Credo di sapere come fare: porterò un solo cuscino piccolo e porterò tre paia di scarpe. Scusa, pensi che l'albergo avrà anche un asciugacapelli?"

Jean: "Naturalmente."

Roscoe: "Puoi aiutarmi a decidere quali libri devo portare?"

Jean: "Sicuro. Vediamo ... dovresti avere un dizionario, un libro dei verbi e ... basta!"

Roscoe: "Perché non il libro di testo?"

Jean: "Te lo consiglierà l'insegnante di lingua."

(Un'ora più tardi, Roscoe ha finito di fare i bagagli; tutto è stato messo in due sole valigie. Jean è contenta e Roscoe è sollevato.)

Roscoe: "Va bene. Ho finito."

Jean: "Hai visto? Sapevo che saresti riuscito a farlo. Congratulazioni! Hai fatto un buon lavoro."

Roscoe: "Grazie. Ho voluto farti un piacere."

Jean: "E adesso, ho una sorpresa per te."

Roscoe: "Dimmi!"

Jean: "Ti ho comprato un "mini computer" da portare a Perugia. Vedi? Il computer pesa solamente un chilo. Eccolo." *(Jean dà il regalo a Roscoe.)*

Roscoe: *(Roscoe è stupefatto. Lo prende, lo mette sul letto e poi abbraccia Jean.)* "Fantastico! Un computer! Tante grazie. Ti prometto che ci scriverò molte storie quando saremo a Perugia. Non vedo l'ora di arrivare. A che ora partiamo?"

Jean: "Domani, alle diciannove."

Roscoe: "Penso che porterò il computer a letto con me per custodirlo."

Capitolo 1 • Esercizi

A. SCEGLIERE LA FRASE GIUSTA.

1. Roscoe ha preparato
   - A una valigia.
   - B più di una valigia.
   - C due zaini.

2. Jean regala a Roscoe
   - A un "mini computer."
   - B un asciugacapelli.
   - C un cellulare.

3. Roscoe ha deciso di partire per l'Italia
   - A all'ultimo momento.
   - B molti mesi fa.
   - C una settimana fa.

4. Quando Jean gli dice di mettere tutto in due valigie,
   - A Roscoe segue il suo consiglio.
   - B Roscoe non segue il suo consiglio.
   - C Roscoe decide di non partire.

5. Roscoe
   - A non è contento di partire.
   - B è impaziente di arrivare in Italia.
   - C vorrebbe partire, ma non per l'Italia.

B. RISPONDERE ALLE DOMANDE.

1. Che cosa ha messo Roscoe nelle sue valigie?

_____

_____

2. Perché vuole portare tanti libri?

_____

_____

3. Che cosa prova Roscoe quando riceve il regalo di Jean e che cosa promette di fare?

_____

_____

C. COMPLETARE CON I PRONOMI.

(Puoi usare lo stesso pronome più di una volta)

lo, la, li, le, ne

1. Secondo Jean, Roscoe non può portare tante valigie. Può portar _____ solo due.

2. Roscoe porta il dizionario per consultar _____ , ogni volta che non conosce le parole nuove.

3. Quando Jean arriva, Roscoe non ha ancora finito di fare le valigie; _____ chiude un'ora dopo.

4. Roscoe ha deciso di portare molte scarpe perché _____ vuole cambiare spesso.

5. Non è necessario portare i cuscini perché _____ troverà in albergo.

6. I vestiti, _____ mette nella seconda valigia.

7. Roscoe vuole portare tanti libri, perché se _____ ha con sé, si sente più tranquillo.

8. Jean gli fa una sorpresa e Roscoe _____ gradisce molto.

D. COMPLETARE CON LE PREPOSIZIONI.

(Puoi usare la stessa preposizione più di una volta)

da, in, dei, con, del, a, di, per

1. Roscoe ha bisogno _____ suoi cuscini _____ dormire bene.

2. Jean si congratula _____ Roscoe e dice di avere una sorpresa _____ lui.

3. Roscoe sogna _____ tempo _____ fare un viaggio _____ Italia.

4. I due amici non vedono l'ora _____ arrivare _____ Perugia.

5. Jean aiuta Roscoe _____ fare le valigie e _____ scegliere le cose _____ portare.

6. Roscoe è così contento _____ regalo che lo porta _____ letto _____ sé.

E. CAMBIARE SECONDO IL MODELLO.

Es. So che riuscirai a mettere tutto in due valigie.
Sapevo che saresti riuscito a mettere tutto in due valigie.

1. Sono sicura che troveremo una buona sistemazione.

_____

2. Sento che realizzerai presto il tuo più grande desiderio.

_____

3. La compagnia aerea avverte che potrai portare solo due bagagli.

_____

4. L'insegnante dice che consiglierà il libro di testo domani.

_____

5. Jean promette a Roscoe che prepareranno insieme le valigie.

_____

6. Roscoe dice che scriverà molte storie con il nuovo computer.

_____

F. CANCELLARE L'INTRUSO NEI SEGUENTI GRUPPI DI PAROLE.

Es. scarpe   stivali   lacci   tacco   ~~giacca~~

1. valigia   pettine   ventiquattrore   marsupio   borsone

2. cuscino   chitarra   lenzuolo   coperta   materasso

3. vestito   gonna   matita   cappotto   camicetta

4. agenda   pigiama   vestaglia   camicia da notte   accappatoio

G. PER LA DISCUSSIONE IN CLASSE/PER LA PRODUZIONE SCRITTA.

1. Quando viaggi, di solito, tendi a portare molti o pochi bagagli?

2. Quali sono le cose di cui non puoi fare a meno (che sono molto importanti per te)?

3. Ti è mai successo di perdere la tua valigia o qualcosa di importante? Che cosa hai fatto? Racconta.

4. Parla del più bel regalo che tu abbia mai ricevuto. Chi te l'ha fatto e in quale occasione.

_____

_____

_____

_____

_____

_____

2 • Roscoe dice "ciao" ad Adriana

(Il giorno dopo, Jean torna a casa di Roscoe.)

Jean: "Roscoe, è tardi, dobbiamo andare a scuola." *(Jean entra in salotto a cercarlo.)* Che cosa stai facendo?" *(Roscoe è seduto sul divano.)*

Roscoe: "No, non ci vengo!"

Jean: "Perché no?"

Roscoe: "Perché oggi non voglio andare a lezione."

Jean: "Ma, ti piace molto la lezione! Oggi è la nostra ultima lezione con Adriana prima della partenza per Perugia. Non vuoi salutarla?"

Roscoe: "No...no...e... no! Odio dire "arrivederci" a qualcuno e particolarmente ad Adriana." *(Roscoe ha un'espressione triste.)* "Mi piace molto andare a scuola. Adriana è divertente e gentile. Si è spesso complimentata con me quando, durante la lezione, ho letto a voce alta i dialoghi del libro di testo. Inoltre, lei spesso chiede la mia opinione riguardo agli argomenti che, di volta in volta, vengono affrontati in classe. Quando sono veramente bravo, mi dice: "Bravo, bravissimo." Mi piacciono queste parole."

Jean: "Ah ... capisco."

Roscoe: "Chissà se gli insegnanti a Perugia sono altrettanto divertenti.... Che cosa succederà se non mi piacerà la scuola? Che cosa farò per un mese?"

Jean: "Ricordi chi ci ha suggerito di andare a Perugia? È stata Adriana. Non ci avrebbe mai consigliato questa università, se non fosse stata buona. Faremo una bellissima esperienza e quando ritorneremo, parleremo l'italiano molto meglio. Adriana sarà contenta, se impareremo a parlarlo bene."

Roscoe: "Sì ... tuttavia odio dirle "arrivederci.""

Jean: "Lo so, anch'io. Ma puoi farlo. Vieni, alzati e vestiti!" *(Jean convince Roscoe.)*

Roscoe: "Va bene, mi alzo, ma oggi per me sarà difficile seguire la lezione."

Jean: "Andrà tutto bene, vedrai!"

(Un'ora dopo arrivano in classe.)

Roscoe: "Posso entrare?"

Adriana: "Sì prego, entra. Come stai?" *(Roscoe non trova le parole per risponderle.)*

Jean: "Bene. Stiamo bene. E Lei?"

Adriana: "Molto bene. Oggi è l'ultima lezione prima della vostra partenza per Perugia. Sono molto contenta che abbiate deciso di andarci. Penso che l'università vi aiuterà a parlare più speditamente. Parlerete in italiano tutto il tempo."

Jean: "Sì, sì. D'accordo."

(La lezione comincia e Adriana fa molte domande. Jean risponde a tutto e legge anche i brevi racconti del libro di testo. Roscoe, invece, è silenzioso e Adriana decide di rivolgersi a lui.)

Adriana: "Roscoe, perché non parli oggi?" *(Roscoe non le risponde.)* "Oggi non hai niente da dire? Non hai argomenti di cui poter discutere in classe?" *(Roscoe di nuovo non risponde. Adriana sa che questo suo comportamento non è normale e gli domanda:)* "Che cosa hai fatto la scorsa settimana?"

Roscoe: *(Roscoe risponde a voce bassa e con gli occhi rivolti verso il pavimento.)* "Ho fatto le valigie per il viaggio."

Adriana: "Dimmi, che cosa ci hai messo?"

Roscoe: "Tante cose, ma Jean me ne ha fatte lasciare tre a casa. Mi ha detto che non posso portare cinque valigie in aereo."

Adriana: "E tu, che fai? Ascolti quello che dice Jean?"

Roscoe: "Sì, sì, mi conviene! Infatti, dopo aver seguito i suoi consigli, mi ha regalato un bellissimo computer portatile! "

Adriana: "Bravissimo!" *(Finalmente, per la prima volta in tutta la lezione, Roscoe guarda Adriana.)* "Che cosa farai con il computer?"

Roscoe: "Scriverò tante storie durante il viaggio in Italia. Posso mandargliele?"

Adriana: "Sì. Mi piacciono molto le tue storie. Spero che mi manderai le più belle."

(Roscoe si rianima e guarda Jean. La lezione è finita.)

Roscoe: "Il soggiorno in Italia sarà un successo, specialmente se Adriana leggerà le mie storie e farà le correzioni. So che saranno fantastiche!"

(Per un istante si sente già un grande scrittore. Jean sa che Roscoe ha una grande fantasia e immagina quello che sta pensando: la prossima volta pubblicherà un libro insieme a Adriana. Lei non ha idea di quanto Roscoe possa essere pazzo quando scrive. Per questo motivo Jean decide di andare via prima che a lui venga in mente di proporre alla sua insegnante di scrivere un libro insieme a lui.)

Jean: "Roscoe, dobbiamo andare. Abbiamo ancora molte cose da fare prima di partire."

(Adesso Roscoe è molto contento. Immagina che Adriana scriverà un libro con lui e non vede l'ora di andare a Perugia a prendere spunti per i suoi racconti. Adesso l'idea di salutare Adriana non rappresenta più un problema.)

Roscoe: *(A Adriana)* "Grazie per la lezione. Anche se non ho detto molto, mi ha dato tante idee. Avrà presto le mie notizie. Le manderò molte e-mail con le mie storie e spero che Le piaceranno... arrivederci."

(Adriana saluta i suoi due studenti preferiti. Abbraccia prima Jean e poi Roscoe. Appena i due escono dalla classe, lei pensa: "Roscoe è incredibile!")

Capitolo 2 • Esercizi

A. SCEGLIERE LA FRASE GIUSTA.

1. Roscoe non va a lezione
   - A perché non ha studiato.
   - B perché non ne ha voglia.
   - C perché salutare l'insegnante lo rende triste.

2. Jean e Roscoe hanno deciso di andare a Perugia
   - A su consiglio di Adriana.
   - B da soli.
   - C su consiglio di un amico.

3. Durante la lezione, Roscoe è
   - A attento e allegro.
   - B silenzioso.
   - C distratto e scontento.

4. Con Roscoe, Adriana parla
   - A di sport.
   - B dei preparativi per il viaggio.
   - C dei regali che comprerà.

5. Alla fine della lezione, Roscoe
   - A è ancora triste.
   - B è contento e pensa al libro che potrà scrivere.
   - C è preoccupato per tutte le cose da fare.

6. Nel salutare Adriana, Roscoe promette
   - A di studiare molto.
   - B di scriverle molte e-mail.
   - C di telefonarle spesso.

B. RISPONDERE ALLE DOMANDE.

1. Che cosa fa Jean durante la lezione? Che cosa fa Roscoe?

_____

_____

2. Che cosa pensa Roscoe delle lezioni di Adriana?

_____

_____

3. Perché Adriana ha consigliato ai due amici di andare a Perugia?

_____

_____

4. Che cosa pensa Adriana dei brevi racconti che scrive Roscoe?

_____

_____

C. COMPLETARE CON I PRONOMI.

(Puoi usare lo stesso pronome più di una volta)

gliene, lui, gli, li, l'

1. Piacerà l'Italia a Roscoe? Sì _____ piacerà.

2. Roscoe abbraccia Adriana? Sì _____ abbraccia.

3. Adriana si complimenta con Roscoe quando è bravo? Sì, si complimenta con _____ quando risponde correttamente alle sue domande.

4. Quante e-mail manderà ad Adriana? _____
   manderà tante.

5. Adriana saluta calorosamente Jean e Roscoe? Sì, certo,
   _____ abbraccia e _____ augura di fare
   buon viaggio.

D. CONIUGARE AL FUTURO SEMPLICE I VERBI IN PARENTESI.

1. Se Roscoe (rispondere) _____ in modo corretto alle
   sue domande, Adriana gli (dire) _____: "Bravo!"

2. Se loro (praticare) _____ molto l'italiano,
   (diventare) _____ bravi in poco tempo.

3. Se Roscoe (mettere) _____ tutta la sua roba in due
   valigie, Jean (essere) _____ contenta.

4. Roscoe (mandare) _____ molte e-mail e così
   Adriana (avere) _____ sue notizie.

5. Il viaggio in Italia (dare) _____ spunti per i racconti
   che (lui-scrivere) _____.

E. RITROVARE NEL PUZZLE CINQUE VERBI CHE INDICANO STATI D'ANIMO.

N	V	I	S	O	V	V	R	A	D	B	F	I	S	T
E	P	A	P	E	N	D	U	G	E	Z	O	Q	P	R
P	O	R	A	T	T	I	I	S	T	A	R	S	A	A
P	L	E	L	M	O	S	S	C	S	Y	I	N	V	N
R	A	L	L	E	G	R	A	R	S	I	Q	R	E	Q
C	C	L	E	N	A	A	A	M	I	U	N	I	N	U
L	L	E	O	A	N	N	R	A	I	T	R	A	T	I
I	R	C	N	C	E	E	G	L	A	D	E	N	A	L
T	S	P	A	N	O	A	L	P	N	F	S	I	R	L
U	O	L	T	S	R	I	A	N	I	M	A	R	S	I
T	R	A	N	Q	Z	B	L	L	I	Z	Z	A	I	Z
A	R	E	M	Z	F	S	A	C	A	O	O	R	U	Z
S	D	F	A	O	E	U	R	F	L	L	A	S	M	A
L	U	R	A	T	T	R	I	S	T	A	R	S	I	R
L	S	R	I	D	R	E	I	M	E	F	B	I	Z	S
I	S	C	O	N	F	O	R	T	A	R	S	I	Z	I

F. SCRIVERE UNA FRASE CON OGNI VERBO TROVATO.

_____

_____

_____

_____

_____

_____

_____

_____

_____

G. PER LA DISCUSSIONE IN CLASSE/PER LA PRODUZIONE SCRITTA.

1. Che cosa scriveresti in un diario?

2. Secondo te, quali caratteristiche dovrebbe avere un/una buon/a amico/a?

3. Parla di un/una insegnante che ti piace e del rapporto che hai con lui/lei.

_____

_____

_____

_____

_____

_____

_____

_____

_____

_____

_____

3 • In aereo in partenza per l'Italia

Altoparlante: "Signore e Signori, benvenuti a bordo. Questo è il volo Air France Nr. 023 per Roma, via Parigi. Vi preghiamo di voler guardare attentamente la videocassetta che vi mostreremo. Ci sono tutte le informazioni riguardanti la vostra sicurezza ...."

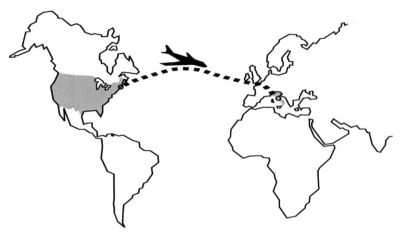

Jean: "Roscoe, smettila di agitarti! Ascolta l'altoparlante e guarda la videocassetta!"

Roscoe: "Ma sto cercando il giubbotto di salvataggio ... È sotto il sedile?" *(In ginocchio, sul pavimento, Roscoe sta guardando sotto il suo sedile per trovare il giubbotto di salvataggio.)* "Ah, eccolo. L'ho trovato. Ce l'ho." *(Roscoe si alza e si siede.)* "... e perché dovrei ascoltare? Parlano in francese e non capisco niente."

Jean: "Ci sarà sicuramente anche una versione in inglese che potrai capire."

Roscoe: "Magari! Ma perché prendiamo un aereo francese? Non sono contento. Per imparare l'italiano, invece, dovremmo viaggiare con un aereo di linea italiana."

Jean: "Basta! Quest'argomento lo abbiamo discusso cento volte. Non avevamo abbastanza miglia per avere dei biglietti gratuiti con un aereo di linea italiana."

Roscoe: "Sì, ma non mi piace lo stesso."

(Un'ora dopo)

Jean: "Perché non mangi? È buono."

Roscoe: "Detesto la cucina francese! Non voglio mangiare niente. Niente!! Quando arriveremo in Italia potrò finalmente assaggiare del cibo genuino."
(Così nelle dieci ore successive Roscoe beve soltanto dell'acqua. Guarda anche tre film in inglese che gli piacciono e dorme un po'. Non ascolta mai quando c'è un avviso all'altoparlante -- in francese o in inglese. Infatti, non sente perché si è messo i tappi nelle orecchie. Finalmente, dopo molte ore, l'aereo comincia la discesa verso Roma.)

Jean: "Roscoe, guarda! Roma!"

(Nel vedere Roma, Roscoe diventa una nuova persona: parla soltanto in italiano con Jean – correttamente o meno -- e fa spesso un cenno con il capo come per dire che ha capito, anche se in realtà non è vero.)

(Dopo mezz'ora Jean e Roscoe passano la dogana, trovano i loro bagagli e escono dall'aeroporto di Roma. Una volta fuori cominciano a cercare un mezzo di trasporto.)

Roscoe: "Jean ... Penso che laggiù possiamo trovare l'autobus per Perugia." *(Roscoe indica un cartello dove sono scritti i numeri le autolinee per le varie città.)*
"Qual è il nome dell'autobus?"

Jean: "Sulga. È un autobus blu." *(Jean guarda verso la direzione che Roscoe le indica.)* "Hai ragione, andiamo. Guardiamo l'orario."

Roscoe: "A che ora parte il prossimo autobus per Perugia?"

Jean: "Aspetta, abbi un po' di pazienza! Lo sto cercando! Uhm, sembra che dobbiamo aspettare fino al pomeriggio. Sì, infatti c'è un autobus che parte alle 14:30. Prenderemo quello."

(Sono le ore 10:00.)

Roscoe: "Sono stanco morto e ho molta fame."

Jean: "Ciò non mi sorprende affatto. Non mangi da dodici ore!"

Roscoe: "Lo so... ma adesso voglio mangiare. Scusa, ma come trascorreremo le prossime quattro ore?"

Jean: "La prima cosa da fare sarà quella di trovare un deposito bagagli. Non voglio più trascinare le valigie."

Roscoe: "Va bene, ma dopo possiamo andare a mangiare?"

Jean: "Naturalmente, prima faremo colazione e dopo compreremo i biglietti per l'autobus. Potremmo andare un po' in giro a comprare delle riviste e dei quotidiani italiani. Vedrai che, se leggiamo un po', il tempo passerà velocemente."

Roscoe: "Sì, lo spero."

(Dopo colazione, verso le 11:30, vanno a comprare i biglietti.)

Roscoe: "Accidenti! La biglietteria è chiusa. Perché?"

Jean: "Non lo so. Aspetta. Ma come ... guarda l'avviso: "Oggi sciopero!""

Roscoe: "E che cosa vuol dire? Non capisco.""

Jean: "Significa che gli impiegati di tutti i trasporti pubblici -- treni, autobus e tassì – si rifiutano di lavorare per un motivo o per un altro. Adesso non c'è alcun trasporto pubblico per Perugia. Dobbiamo trovare un albergo vicino all'aeroporto.""

Roscoe: "Sono stanchissimo, puoi trovarlo subito?""

Jean: "Sì, siediti su quella panchina mentre io vado all'ufficio informazioni a domandare se è possibile fare una prenotazione. Aspettami.""

(Un'ora dopo Jean ritorna)

Roscoe: "Ah, finalmente, pensavo che ti fossi dimenticata di me!""

Jean: "Ma no, Roscoe, come posso essermi dimenticata di te! Sai che ti dico? Adesso, dopo questa esperienza, mi andrebbe di prendere il prossimo aereo e ritornare a casa.""

Roscoe: "Perché, che cosa è successo?""

Jean: "L'organizzazione è terribile! C'è tanta gente e ci sono solamente quattro sportelli. Ad ogni sportello c'è una fila lunghissima: insomma quattro file per trovare la soluzione a un problema. Un uomo, al primo sportello, mi ha mandato a un altro sportello. Qui l'impiegato mi ha detto che il problema non era di sua competenza e mi ha detto di rivolgermi a un'altra persona. Questa mi ha riferito che non ci sono più camere libere e che gli alberghi sono completi a causa dello sciopero. Finalmente, al quarto sportello, ho trovato una signora che si è resa utile. Ci ha trovato due camere all'Hotel Hilton ... qui vicino. Possiamo andarci a piedi, ma abbiamo le stanze prenotate soltanto per una notte."

Roscoe: "E che faremo, se domani lo sciopero non sarà finito?"

Jean: "Prega che finisca! Altrimenti ci vai da solo a Perugia, io ritorno a casa."

Roscoe: "Che cosa?!!"

Jean: "Mi pare che in questo Paese ci sia molta disorganizzazione e questo non mi piace."

Roscoe: "Va bene... pregherò. Pregherò."

(Fortunatamente lo sciopero dura solo ventiquattro ore. Il giorno dopo Jean e Roscoe sono in autobus diretti verso Perugia. A causa dello sciopero, l'autobus è affollato. Roscoe comincia a girarsi e rigirarsi nel suo posto: non gli piace stare in uno spazio ristretto e pieno di gente. Il viaggio dura quattro ore, che per Jean sono interminabili. Chiude gli occhi e sogna di arrivare in albergo. Spera che Roscoe si calmi appena si saranno sistemati.)

Capitolo 3 • Esercizi

A. SCEGLIERE LA FRASE GIUSTA.

1. Jean e Roscoe viaggiano con una compagnia francese
   - ☒ A per avere i biglietti gratuiti.
   - ☐ B perché non hanno trovato posto in un aereo dell'Alitalia.
   - ☐ C perché vogliono passare da Parigi.

2. Non hanno potuto prendere l'autobus per Perugia
   - ☐ A perché sono arrivati in ritardo.
   - ☒ B perché c'era sciopero.
   - ☐ C perché non avevano prenotato.

3. A causa dello sciopero
   - ☐ A dormono all'Hotel Hilton per due notti.
   - ☒ B dormono all'Hotel Hilton per una notte.
   - ☐ C vanno a Perugia con un tassì.

4. Lo sciopero dura
   - ☐ A due giorni.
   - ☐ B mezza giornata.
   - ☒ C un giorno.

5. In autobus
   - ☐ A Roscoe può sdraiarsi comodamente.
   - ☒ B Roscoe non si sente a suo agio perché c'è molta gente.
   - ☐ C Roscoe parla e canta in italiano.

B. RISPONDERE ALLE DOMANDE.

1. In aereo Roscoe è un po' arrabbiato con Jean. Perché?

   viaggiano con l'aereo
   Francese

2. Che cosa pensa Roscoe della cucina francese?

   non li piace la
   cucina francese

3. Che cosa fanno i due amici appena scendono dall'aereo?

   passano dolgena,

4. Come fa Jean a trovare una camera in albergo?

   un'ufficio informazione

C. COMPLETARE CON I PRONOMI E ACCORDARE IL PARTICIPIO, SE NECESSARIO.

1. Roscoe ha cercato *il giubbotto* di salvataggio e
   _____ ha trovat _____ sotto il sedile.

2. Lui non ha mangiato *i piatti francesi* che hanno servito
   in aereo, non _____ ha neanche
   assaggiat _____.

3. Ha preso *i tappi* per le orecchie e _____ ha
   mess _____ per non sentire *la lingua francese*
   perché non _____ capisce.

4. Non ha voluto ascoltare *l'avviso*, non _____
ha ascoltat _____ perché non era in inglese.

5. Siccome i *bagagli* erano molto pesanti, _____
hanno lasciat _____ al deposito bagagli.

6. Hanno comprato delle *riviste* e _____ hanno
lett _____ prima di andare a comprare i biglietti.

D. CONIUGARE I VERBI ALL'IMPERATIVO. AGGIUNGERE I PRONOMI, SE NECESSARIO.

1. Signori, (guardare) _____ *la videocassetta* sulle
norme di sicurezza, (guardare) _____
attentamente.

2. Signora, (ascoltare) _____ *le istruzioni* e
_____ (seguire) _____.

3. Su, Roscoe, (assaggiare) _____ *questi cibi*,
(assaggiare) _____ perché sono genuini.

4. Jean dice alla signora: "Per favore, _____ (aiutare)
_____ a cercare una camera."

5. L'impiegato dice: "Signora, (rivolgersi) _____
_____ all'altro sportello.

E. COMPLETARE CON LE PREPOSIZIONI.

(Puoi usare la stessa preposizione più di una volta)

da, a, per, allo, all', con, dell', di

1. _____ bordo dell'aereo ci sono passeggeri _____ diverse nazionalità.

2. Jean e Roscoe aspettano _____ aeroporto e, _____ passare il tempo, comprano e leggono riviste e quotidiani.

3. _____ sportello _____ ufficio informazioni, l'impiegato non è gentile _____ Jean.

4. Roscoe rifiuta _____ assaggiare la cucina francese.

5. Roscoe è affamato perché non mangia _____ molte ore.

F. UNIRE LE PAROLE ALLA DEFINIZIONE GIUSTA.

1. Navetta

2. Pullman

3. Tram

4. Camion

5. Autobus

A mezzo di trasporto soprattutto per la città

B mezzo di trasporto che fa continui viaggi di andata e ritorno per brevi percorsi

C mezzo di trasporto soprattutto per cose e non per persone

D mezzo di trasporto per la città su rotaie

E mezzo di trasporto anche per viaggi più lunghi

G. PER LA DISCUSSIONE IN CLASSE/PER LA PRODUZIONE SCRITTA.

1. Dove vorresti andare in viaggio? Quale mezzo di trasporto prenderesti e perché?

2. Che cosa faresti durante il viaggio?

_____

_____

_____

_____

_____

_____

_____

_____

_____

_____

_____

_____

4 • In segreteria per l'iscrizione

Jean: *(All'hotel, dalla sua stanza, Jean telefona a Roscoe che, sentendo squillare il telefono, apre lentamente i grandi occhi nerie e, dopo un po', si rende conto di trovarsi a Perugia.)* "Roscoe, alzati! Oggi dobbiamo andare in segreteria per l'iscrizione. È tardi. Sbrigati, fai in fretta!"

Roscoe: "Va bene. Sarò pronto fra quindici minuti." *(Immediatamente si alza, fa un balzo e va a fare la doccia. La giornata comincia.)*

Jean: *(Poco dopo nell'atrio dell'albergo.)* "È importante che arriviamo presto. Possiamo fare colazione più tardi. Va bene?"

Roscoe: "Sì, sì. Non c'è problema. Sono pronto. Andiamo."

Roscoe: "Dov'è la segreteria?"

Jean: "È a Palazzo Gallenga. Ci andiamo a piedi."

(Dopo dieci minuti Roscoe e Jean arrivano a Palazzo Gallenga.)

Roscoe: "C'è tanta gente disposta disordinatamente in diverse file. Chissà dove dobbiamo andare adesso?"

Jean: "Vieni qui! Questo è l'ufficio informazioni."

(Jean e Roscoe entrano e ricevono le informazioni riguardanti l'iscrizione a un corso, il test d'ingresso e il permesso di soggiorno. Vanno al terzo piano e entrano in una grande aula antica tutta affrescata. Là fanno un breve test per vedere quale livello devono frequentare.)

Roscoe: *(Roscoe è molto emozionato.)* "Questa prova è impossibile! Ci sono tante pagine da analizzare e non ne capisco nessuna. Uffa!"

(Mezz'ora dopo, la docente ritira i fogli. Li legge velocemente e poi parla con ogni studente riguardo al test svolto. Tocca a Roscoe.)

La Docente: "Come ti chiami?"

Roscoe: "Roscoe."

La Docente: "Di dove sei?"

Roscoe: "Sono di New York."

La Docente: "Dove hai studiato l'italiano?"

Roscoe: "In una scuola privata."

La Docente: "Mi sembra che tu non sappia i verbi. Vieni assegnato al primo grado."

Roscoe: "Come? Scusi? Non so i verbi? Non è possibile! Li ho studiati molto."

La Docente: "Mi dispiace, devo assegnarti al primo grado."

(Roscoe è distrutto. Sa che non parla ancora bene la lingua, ma ha veramente studiato i verbi per tante ore. Nel frattempo, viene a sapere che la docente ha mandato Jean al secondo grado. Lui non ne è affatto contento.)

Jean: "Roscoe, sta' allegro. Anch'io vorrei stare al primo livello perché è più facile del secondo. Su, su, coraggio! Adesso dobbiamo andare giù per l'iscrizione."

Roscoe: "Forse hai ragione, il primo grado sarà meglio per me."

(Roscoe e Jean arrivano al pianoterra. Qui le file sono lunghe, molto lunghe. Aspettano il loro turno davanti allo sportello "Permesso di soggiorno.")

Jean: "Oh, guarda, quest'informazione dice che si deve avere una copia del passaporto. Roscoe, puoi andare a vedere dov'è un ufficio per fare le fotocopie?"

Roscoe: "Va bene, ci proverò. Dammi i passaporti!"

(Al piano superiore Roscoe trova l'ufficio stampa dov'è possibile fare le fotocopie. Le fa e poi ritorna in tutta fretta.)

Roscoe: "Ecco le copie!"

Jean: "Benissimo. Adesso vedo che dobbiamo dare anche l'indirizzo dell'albergo e il numero di telefono. Puoi trovare un elenco telefonico?"

Roscoe: "E va bene! Ritornerò fra pochi minuti."

(Cinque minuti più tardi Roscoe ritorna con le informazioni necessarie. Fa molto caldo a Palazzo Gallenga e lui suda tanto...su e giù, avanti e indietro....)

Jean: "Scusa Roscoe, ho parlato con un altro studente e sono venuta a sapere che ogni persona deve presentare, insieme alla domanda, una marca da bollo da 10 Euro e 20 centesimi." *(Roscoe guarda Jean come se fosse diventata matta, ma resta tranquillo.)*

Roscoe: "Dove si compra?"

Jean: "Devi andare in tabaccheria. Ce n'è una vicino a Palazzo Gallenga – dalla parte opposta della strada. Ah, la fila sta diventando più corta. Vai, vai!"

(Roscoe corre di nuovo e ritorna dopo dieci minuti, appena in tempo per prendere il suo posto davanti allo sportello della questura dove vengono rilasciati i permessi di soggiorno. Lui sa che deve mostrare il suo passaporto e consegnarne una copia insieme a due fotografie. Ma l'impiegata gli dice che ce ne vogliono quattro. Che altra brutta sorpresa! Lui, però, non dice niente per non contraddire la polizia.)

Jean: "Hai il permesso di soggiorno?" *(Roscoe le mostra il foglio.)* "Bene, adesso dobbiamo andare a fare un'altra fila per l'iscrizione. Su, su, sbrigati, mancano soltanto quindici minuti alla chiusura dell'ufficio per la pausa pranzo."

Roscoe: "Sono pronto. Vieni qui. Questa è la fila giusta."

(Roscoe e Jean sono gli ultimi. Arrivano appena in tempo allo sportello per l'iscrizione prima della chiusura.)

Jean: "Grazie a Dio tutto è finito! Ho molta fame, andiamo a pranzare."

Roscoe: "Sì, sì. Anch'io ho molta fame. C'è un piccolo bar di fianco alla tabaccheria dove ho comprato le marche da bollo. Ci andiamo?"

Jean: "Ottima idea!" *(Si siedono fuori al bar... ordinano... e finalmente mangiano.)*

Jean: Adesso ritorno in centro a prendere un caffè e a leggere il giornale e dopo farò una passeggiata. E tu?"

Roscoe: "Vengo anch'io!"

(La stessa sera, in albergo, Roscoe è molto stanco, sta leggendo le informazioni che gli hanno dato in segreteria. Telefona immediatamente a Jean che sta guardando la TV.)

Roscoe: "Ma qui c'è un errore! Sull'orario delle mie lezioni ci sono soltanto venti ore di lezioni settimanali. Non è l'orario giusto."

Jean: "Perché no?

Roscoe: "Prima di partire ho letto le informazioni sul corso intensivo, c'era scritto che ogni settimana ci sono ventisette ore di lezione suddivise in lingua, esercitazioni, laboratorio e conversazione. Ciò dimostra che quest'orario non è per il corso intensivo. Oh, no! Purtroppo, lunedì devo ritornare di nuovo in segreteria a chiedere quello giusto."

Roscoe: "Che giornata! Prima mi dicono che non so i verbi. Poi, in segreteria mi consegnano un orario sbagliato. Che cosa succederà la prossima volta?"

Capitolo 4 • Esercizi

A. SCEGLIERE LA FRASE GIUSTA.

1. Jean e Roscoe vanno a Palazzo Gallenga per
   - A cominciare le lezioni.
   - B fare l'iscrizione a un corso di lingua.
   - C chiedere informazioni per una camera.

2. Per Roscoe, il test d'ingresso è
   - A molto semplice.
   - B facile, ma lungo.
   - C molto difficile.

3. Per l'iscrizione sono necessari
   - A le fotografie, il passaporto e la marca da bollo.
   - B le fotografie e il passaporto.
   - C il passaporto e la marca da bollo.

4. La sera, in albergo, Roscoe si accorge
   - A di aver dimenticato l'orario in segreteria.
   - B di avere l'orario sbagliato.
   - C di aver lasciato la tessera d'iscrizione.

5. Il giorno dopo Roscoe
   - A dovrà tornare in segreteria.
   - B dovrà solo telefonare alla segreteria.
   - C potrà andare in classe per la lezione.

B. RISPONDERE ALLE DOMANDE.

1. Com'è Roscoe prima e alla fine del test?

_____

_____

2. Che cosa fa Roscoe per aiutare Jean per l'iscrizione?

_____

_____

3. A quale grado deve andare Roscoe?

_____

_____

4. Quante ore settimanali di lezioni prevede il corso intensivo di lingua italiana?

_____

_____

C. COMPLETARE CON LE PREPOSIZIONI.

(Puoi usare la stessa preposizione più di una volta)

della, a, nella, di, in, al, sull', allo

1. Roscoe è pronto _____ fare quello che Jean gli consiglia.

2. Roscoe fa la doccia _____ pochi minuti.

3. I due amici hanno studiato _____ una scuola privata.

4. Gli uffici sono _____ primo piano.

5. Devono arrivare _____ sportello prima
_____ chiusura.

6. In segreteria gli studenti sono disposti _____ fila.

7. Il grado del corso è scritto _____ orario.

8. I due amici, purtroppo, non sono _____ stessa
classe.

9. La tabaccheria è di fianco _____ bar.

10. Davanti _____ sportello c'è una lunga fila
_____ studenti.

D. TRASFORMARE DAL DISCORSO DIRETTO AL DISCORSO INDIRETTO.

Es. Roscoe ha detto: *"Sarò pronto fra quindici minuti."*
Roscoe ha detto che sarebbe stato pronto dopo quindici minuti.

1. Jean ha detto: "Sbrigati, fai in fretta, altrimenti
arriveremo tardi."

_____

_____

2. L'insegnante ha chiesto: "Dove hai studiato l'italiano
prima di venire in Italia?"

_____

_____

3. L'insegnante ha detto: "Non sai coniugare bene i verbi.

_____

_____

4. Roscoe ha risposto a Jean: "Forse hai ragione, il primo grado sarà meglio per me."

_____

_____

5. Jean ha detto: "Vai in tabaccheria. Ce n'è una vicino a Palazzo Gallenga."

_____

_____

6. Roscoe ha detto: "Ma qui c'è un errore! Sull'orario delle mie lezioni ci sono soltanto venti ore settimanali. Non è l'orario giusto."

_____

_____

E. UNIRE I VERBI ALLA DEFINIZIONE.

1. Mostrare

2. Compilare

3. Consegnare

4. Firmare

5. Rilasciare

A scrivere il proprio nome e cognome su documento, lettera

B scrivere su moduli le informazioni richieste

C dare, concedere un certificato, un documento

D dare qualcosa per sempre o per un tempo limitato

E far vedere

F. PER LA DISCUSSIONE IN CLASSE/PER LA PRODUZIONE SCRITTA.

1. Quante lingue conosci? Dove e come le hai imparate?

2. Secondo te, che cosa è importante per imparare bene e presto una lingua straniera?

_____

_____

_____

_____

_____

_____

_____

_____

_____

_____

_____

_____

_____

5 • Un abbonamento

(È domenica mattina, Jean e Roscoe parlano mentre fanno colazione.)

Jean: "Un altro caffè?"

Roscoe: "Sì, grazie. Il caffè italiano mi piace molto."

Jean: "Roscoe, ieri ho sentito che si può comprare un abbonamento mensile per l'autobus. È meno costoso e più comodo che dover acquistare biglietti singoli ogni volta in tabaccheria. Questa mattina vieni con me a comprarne uno?"

Roscoe: "Sì, volentieri, andiamoci dopo aver finito la colazione."

Jean: "Va bene."

(Mezz'ora dopo, i due si dirigono verso Piazza Italia dove c'è un piccolo ufficio informazioni in cui si possono comprare anche i biglietti dell'autobus.)

Jean: "Buongiorno. Scusi, potrebbe darmi un'informazione?"

L'impiegato: "Sì, mi dica!"

Jean: "Vorrei fare un abbonamento mensile. Quanto costa?"

L'impiegato: "Quarantuno Euro."

Jean: "Va bene, allora ne vorrei uno."

L'impiegato: "Ha il passaporto?"

Jean: "No, ma posso portarglielo subito."

(Jean si gira verso Roscoe.)

Jean: "Scusa, puoi andare in albergo a prendere il mio passaporto e portarmelo qui? L'ho lasciato sulla scrivania. Ecco la chiave."

Roscoe: "Sì, sì, ci vado subito."

(L'albergo è vicino e così dopo dieci minuti Roscoe torna da Jean con il passaporto.)

Jean: "Bravo, sei stato veramente veloce." *(Jean ritorna dall'impiegato.)*

Jean: "Ecco il mio passaporto, adesso può farmi l'abbonamento?"

L'impiegato: "Sì, ma deve portare anche due foto tessera."

Jean: *(confusa)* "Due foto tessera?"

L'impiegato: "Sì ... due fotografie!"

(Jean si rivolge a Roscoe.)

Jean: "Scusami Roscoe, ho bisogno di un altro piacere. Puoi ritornare nella mia camera d'albergo a prendere due foto e portarmele? Anche quelle sono sulla scrivania. Sono necessarie per comprare finalmente l'abbonamento."

Roscoe: "E... va bene!!"

(Mentre Roscoe va verso l'albergo per la seconda volta, pensa all'esperienza fatta due giorni prima in segreteria. Dopo pochi minuti ritorna con le fotografie.)

Jean: "Grazie ancora!" *(Jean ritorna per la terza volta dall'impiegato.)* "Eccomi di nuovo da Lei. Dovrei avere tutto: il passaporto e le due fotografie. Adesso, posso finalmente comprare l'abbonamento?"

L'impiegato: "Signora, c'è un malinteso. Qui si vendono soltanto biglietti singoli. Se vuole fare un abbonamento, deve andare alla stazione al capolinea degli autobus."

Jean: "Alla stazione? Ma non si vendono qui?"

L'impiegato: "No. Soltanto alla stazione!"

Jean: "Ma perché non me l'ha detto prima?"

L'impiegato: "Perché Lei non me l'ha chiesto: mi ha domandato soltanto il costo di un abbonamento."

(Jean guarda Roscoe.)

Jean: "Uffa! Non ne posso più!! Adesso dobbiamo andare alla stazione a comprare l'abbonamento. Incredibile! Non c'è niente di logico in questo paese!"

Roscoe: "Perché non te l'ha detto fin dall'inizio? Perché non ti ha detto subito che avevi bisogno di due foto e di un passaporto? Mi sembra che qui gli impiegati diano sempre informazioni a metà."

Jean: "Lo so. Hai ragione. Mi sto veramente stufando dell'Italia."

Roscoe: "Stai calma, non discutiamo più e andiamo alla stazione. Da qui possiamo andare a piedi. Seguimi! Ci sono già andato la settimana scorsa. Laggiù ci sono le scale mobili."

(Attraversano la piazza e entrano nell'antica Rocca Paolina dove c'è una serie di scale mobili che portano direttamente alla stazione degli autobus. Lungo il percorso ci sono dei reperti Etruschi e Jean e Roscoe si soffermano a guardare e a leggere le tavole informative. Per un momento Jean dimentica il problema dell'abbonamento.)

Roscoe: "Finalmente siamo arrivati alla stazione!"

(Entrano nell'ufficio dove si vendono i biglietti e Jean va allo sportello.)

Jean: "Buongiorno, vorrei fare un abbonamento mensile. Ho portato il mio passaporto e due fotografie. Eccoli."

L'impiegato: "Mi dispiace signora, oggi è domenica e non è possibile comprare un abbonamento."

Jean: "Ma come non è possibile! L'impiegato dell'ufficio informazioni in Piazza Italia mi ha detto che sarei dovuta venire qui a comprarlo."

L'impiegato: "Sì, ma Le ripeto che oggi è domenica. Gli abbonamenti mensili si vendono soltanto dal lunedì al venerdì. Ritorni domani!"

Jean: "Grazie. Ritornerò domani."

(Jean è molto arrabbiata. Roscoe nota che la sua amica sta per esplodere da un momento all'altro.)

Roscoe: "Stai calma! Domani ti aiuterò di nuovo. Vedrai ... andrà tutto bene. Invece, pensa a quello che stiamo imparando del sistema italiano. Adesso godiamoci la giornata! Perché non ritorniamo in Piazza Italia? Possiamo andare al "Bar d'Italia" a bere un buon caffè e a mangiare un bombolone, se non è troppo tardi."

(Roscoe sa che a Jean piacciono molto i dolci italiani e anche il caffè.)

Roscoe: *(Più tardi, al Bar d'Italia.)* "Pensavo alla differenza che c'è tra la vita negli Stati Uniti e quella in Italia."

Jean: "Sì, e allora?"

Roscoe: "L'Italia non è gli Stati Uniti e gli Stati Uniti non sono l'Italia."

Jean: "Che vuole dire questa frase?"

Roscoe: "Se vogliamo abitare in questo Paese, dobbiamo accettarne le regole e le abitudini perché sono molto diverse da quelle americane. Altrimenti avremo un'emicrania permanente!"

Jean: "Bravo, proverò a ricordare quello che mi hai detto la prossima volta che mi troverò in una situazione simile."

(Il giorno dopo Jean ritorna alla stazione da sola, ma i problemi non sono finiti. Allo sportello, per l'acquisto di un abbonamento, un impiegato le dà un modulo che deve riempire a un altro sportello. Qui, Jean nota che il nuovo impiegato fa un errore. Gentilmente glielo fa notare, ma lui le dice che "non è importante." Una volta finito, Jean riporta il modulo completato al primo sportello.)

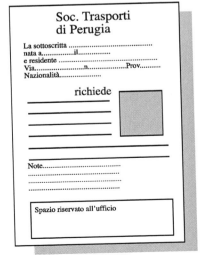

Soc. Trasporti
di Perugia

La sottoscritta ....
nata a.................il.................
e residente ....
Via.......................n...........Prov..........
Nazionalità.................

richiede

Note............................
....
....

Spazio riservato all'ufficio

L'impiegato del primo sportello: "Questo modulo non è corretto."

(Jean si offre di fare la correzione, ma lui insiste che lei ritorni all'altro sportello per farlo correggere. La correzione viene fatta e finalmente tutto è in regola.)

L'impiegato: "Quarantuno Euro!" *(Jean gli dà il denaro.)* "Ecco la Sua ricevuta. Ritorni qui la settimana prossima per la sua tessera."

(Jean resta senza parole. Un abbonamento mensile – in realtà – è soltanto un abbonamento di tre settimane! Le ritorna in mente quello che Roscoe le aveva detto: l'Italia non è gli Stati Uniti. Bisogna accettarne le regole per non rischiare di avere un'emicrania perenne. Che giornata!)

Capitolo 5 • Esercizi

A. SCEGLIERE LA FRASE GIUSTA.

1. Jean fa
   - A un abbonamento annuale all'autobus.
   - B un abbonamento mensile all'autobus.
   - C un abbonamento a teatro.

2. Jean e Roscoe vanno all'ufficio per l'abbonamento
   - A alla sera.
   - B nel pomeriggio.
   - C dopo la colazione.

3. Jean non può fare l'abbonamento
   - A perché i soldi non gli bastano.
   - B perché è domenica.
   - C perché ha sbagliato ufficio.

4. Roscoe dice a Jean
   - A di stare calma.
   - B di ritornare subito negli Stati Uniti.
   - C di rinunciare all'abbonamento.

5. Jean
   - A ha mal di testa.
   - B è molto arrabbiata.
   - C è tranquilla.

B. RISPONDERE ALLE DOMANDE.

1. Per fare l'abbonamento all'autobus, dove vanno prima?

_____

_____

2. Cos' è necessario per farlo?

_____

_____

3. Perché il primo impiegato non rilascia l'abbonamento?

_____

_____

4. Qual è la reazione di Jean?

_____

_____

5. Il giorno dopo, è semplice per Jean fare l'abbonamento?

_____

_____

C. COMPLETARE CON I PRONOMI.

(Puoi usare lo stesso pronome più di una volta)

mi, te li, gliela, le, glielo, le, mele, gliele, gli

1. Roscoe va in albergo a prendere il passaporto a Jean e
_____ porta subito perché _____ serve per
fare l'iscrizione.

2. L'impiegato dice a Jean che non può fare _____ l'abbonamento perché mancano due foto tessera.

3. Jean dice a Roscoe: "Vai in albergo a prendere le foto e porta _____ presto.

4. Siccome Roscoe non ha la chiave della camera, Jean _____ dà e _____ dice di fare presto.

5. Roscoe dice a Jean: "Se ti servono il passaporto e le foto, non ci sono problemi, _____ _____ vado a prendere io."

6. Jean si rivolge gentilmente all'impiegato: "_____ potrebbe dire, per favore, che cosa occorre per fare l'abbonamento?"

D. COMPLETARE CON IL GERUNDIO PRESENTE.

1. Non (avere) _____ informazioni chiare, Jean deve fare più volte la fila.

2. I due amici si calmano (mangiare) _____ un bombolone e (bere) _____ un caffè.

3. (Abitare) _____ in Italia, imparano a accettare regole e abitudini diverse da quelle del loro Paese.

4. L'impiegato fa un errore, (scrivere) _____ i dati di Jean.

5. (Uscire) _____ dall'albergo, Jean si ricorda di aver lasciato il passaporto sulla scrivania.

E. UNIRE IL VERBO AL SOSTANTIVO CORRISPONDENTE.

1. Abbonarsi   A funzionamento

2. Informarsi   B organizzazione

3. Sistemarsi   C abbonamento

4. Cambiare   D informazione

5. Prenotare   E sistemazione

6. Organizzare   F cambiamento

7. Funzionare   G prenotazione

F. SCRIVERE UNA FRASE CON OGNI PAROLA DELL'ESERCIZIO PRECEDENTE.

_____

_____

_____

_____

_____

_____

_____

_____

_____

_____

_____

G. PER LA DISCUSSIONE IN CLASSE/PER LA PRODUZIONE SCRITTA.

1. Qual è il mezzo di trasporto più usato nella tua città?

2. Secondo te, con quale mezzo dovrebbe muoversi un turista che viene a visitare la tua città?

3. Com'è il traffico? Ci sono sufficienti parcheggi? Ci sono sufficienti marciapiedi?

_____

_____

_____

_____

_____

_____

_____

_____

_____

_____

_____

_____

_____

6 • In lavanderia

(Jean e Roscoe sono arrivati a Perugia da alcune settimane. Sono in albergo nella camera di quest'ultimo. È pomeriggio tardi, Jean è appena tornata da una passeggiata.)

Jean: "Ma che cosa succede, perché i tuoi vestiti sono sparsi sul pavimento? Sembra di stare in un porcile!"

Roscoe: "Infatti è un porcile perché non c'è niente di pulito! Non ho niente da mettermi per andare a cena! Ho bisogno di un paio di pantaloni e di una camicia puliti e non è stato lavato niente!"

Jean: "Lo so. Anche i miei vestiti sono sporchi."

Roscoe: "Bene, portiamoli subito in lavanderia. Ce n'è una vicino a Palazzo Gallenga."

Jean: "No, no e poi no! È troppo cara. Ti ho detto molte volte che dobbiamo andare in una lavanderia automatica. Ne ho vista una vicino a Palazzo Gallenga. Non mi ricordo esattamente come si chiama, ma possiamo andarci."

Roscoe: "Non mi piace fare il bucato in una lavanderia automatica."

Jean: "Roscoe, sei veramente troppo pigro!"

Roscoe: "Pigro io? Penso proprio di no! Non voglio andarci perché è difficile capire come funziona. È troppo tardi ormai sarà chiusa. Andiamoci domani mattina presto."

Jean: "Sì, va bene."

(L'indomani mattina, alle sette meno cinque Jean e Roscoe s'incamminano verso la lavanderia automatica. È una bella giornata di sole e non fa troppo caldo. Ognuno porta due sacchi pieni e pesanti. A quell'ora Corso Vannucci, la strada principale del centro storico di Perugia, è quasi

deserto. Ci sono soltanto alcuni negozianti che stanno aprendo i loro negozi. Jean e Roscoe camminano per il Corso, girano a sinistra e poi a destra e finalmente arrivano alla lavanderia automatica.)

Roscoe: "Accidenti, la lavanderia è chiusa! Il cartello sulla porta dice "aperto dalle ore sette." Ma che ora è?"

Jean: "Uhm, sono le sette e dieci. Lì c'è un negozio di alimentari, vado a chiedere, forse loro sapranno dirmi qualcosa di più."

Roscoe: "Va bene, vai, ti aspetto qui con i sacchi."

(Dopo alcuni minuti Jean ritorna e dice a Roscoe che deve andare in un altro negozio a prendere la chiave della lavanderia. Quando torna, aprono e entrano. Roscoe comincia a leggere le istruzioni sul funzionamento delle lavatrici.)

Roscoe: "Che incubo! Tutte le istruzioni sono scritte in italiano."

Jean: "Certo, siamo in Italia! Ma non preoccuparti, le leggerò io. Fammi vedere....Ah, dunque, dobbiamo usare dei gettoni da inserire nelle lavatrici. Allora Roscoe, prova a capire quanti gettoni si possono avere con un Euro. Me ne servono dieci."

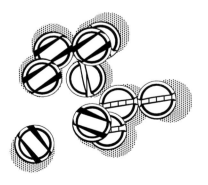

Roscoe: "Va bene." *(Legge le istruzioni sulla macchina del cambio, inserisce un Euro e riceve un gettone. Tutto va bene fino a quando mette il decimo Euro... la macchina non reagisce e lui comincia a innervosirsi.)* "La macchina è rotta, non mi dà più di nove gettoni!"

Jean: "Uffa! Prima di capire dov'è il problema, dammi sei gettoni per queste due lavatrici così posso iniziare a fare il bucato. Non abbiamo mica tutta la giornata a disposizione!"

(Jean rilegge le istruzioni, sceglie il detersivo – senza profumo e senza ammorbidente – e lo mette nella lavatrice. Poi mette i gettoni e spinge il bottone per cominciare il lavaggio. Roscoe la guarda con stupore perché lei riesce a far funzionare le due lavatrici, ma si preoccupa perché dopo non ci saranno più gettoni per l'asciugatrice: come si asciugheranno i vestiti?)

Roscoe: "Sei bravissima! Ma come faremo ad asciugare il bucato con soltanto tre gettoni?"

Jean: "Vai al negozio accanto dove ho preso la chiave e chiedi alla signora se può dirti come si può riparare la macchina del cambio."

(Roscoe esce e, dopo una breve conversazione con la signora, ritorna.)

Roscoe: "La signora dice che non può aiutarci. Forse se spingo la macchina ..." *(Con una grande forza Roscoe la spinge. Poi inserisce un altro Euro.)*

Roscoe: "Ahi! Questa macchina 'ha fame,' ha mangiato un altro Euro! Basta!"

Jean: "Va bene. Il lavaggio è finito. Metti questi vestiti in un'asciugatrice. Usa i gettoni che ci sono rimasti."

(Jean passa i vestiti bagnati a Roscoe che li mette in un'

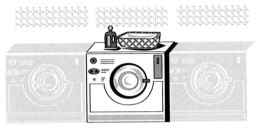

asciugatrice e, per fortuna, si asciugano completamente. Quando l'asciugatrice si ferma, Roscoe sistema alcuni abiti, mentre Jean piega le camicie e i pantaloni e poi li appende su alcune gruccie. Hanno quasi finito, quando il cielo diventa scuro e comincia a piovere a dirotto con tuoni e fulmini. Non è possibile uscire dalla lavanderia perché non hanno un ombrello.)

Roscoe: "E adesso che facciamo? Ti avevo detto che quest'idea era ridicola. Dopo tutto questo lavoro, quando ritorneremo in albergo, i vestiti saranno di nuovo bagnati fradici."

Jean: "Stai calmo. Vai di nuovo al negozio vicino e chiedi alla signora di chiamare un tassì."

Roscoe: "Sei matta, ma proverò a farlo."

Roscoe: (Poco dopo Roscoe ritorna.) "Ti ho detto che sei pazza! Pazza! La signora si è messa a ridere. Non ci vuole chiamare un tassì."

Jean: "Ho un'altra idea. Possiamo andare di corsa a Palazzo Gallenga e da lì telefoniamo."

(Più tardi nella camera d'albergo.)

Roscoe: "Questa è l'ultima volta che laviamo i vestiti in una lavanderia automatica. Non c'è niente di automatico lì. Considerando la spesa per il bucato, per il tassì, e il denaro che la macchina del cambio 'ha ingoiato,' ci è costato più che portare gli abiti in una lavanderia normale!"

Jean: "Va bene, hai vinto! In futuro porteremo tutto a lavare in una vera lavanderia."

(Una settimana dopo Roscoe porta i vestiti e il bucato in una lavanderia per il lavaggio a secco. Jean non dice niente. Dopo tre giorni Roscoe paga, ritira il tutto e torna in albergo contento.)

Roscoe: "Ecco i vestiti puliti."

(Aprono il sacco e scoprono che la biancheria è umida. C'è anche puzza di fumo – (forse la persona che ha stirato i vestiti fuma) – e di detersivo. Infatti, gli abiti odorano peggio di prima.)

Jean: "Hai speso molto?"

Roscoe: "Sì. Ho speso molto."

Jean: "Adesso mi credi! Visto il risultato, non vale la pena di andare in una lavanderia a secco."

Roscoe: "Hai ragione. In Italia non c'è niente di facile."

Jean: "Ma rimane lo stesso un Paese interessante."

Capitolo 6 • Esercizi

A. SCEGLIERE LA FRASE GIUSTA.

1. I due amici lavano i vestiti
   - A in una lavanderia automatica.
   - B nella lavanderia dell'albergo.
   - C in una lavanderia non automatica.

2. Loro devono lavare
   - A pochi vestiti.
   - B molti vestiti.
   - C solo un cappotto.

3. Quando arrivano, la lavanderia
   - A è aperta da dieci minuti.
   - B è aperta da un'ora.
   - C è ancora chiusa.

4. Cambia gli Euro in gettoni
   - A l'impiegata.
   - B Jean.
   - C Roscoe.

5. Tornano in albergo in tassì perché
   - A piove molto e non hanno un ombrello.
   - B i vestiti sono molti.
   - C non hanno voglia di andare a piedi.

B. RISPONDERE ALLE DOMANDE.

1. Perché i due amici scelgono di andare in una lavanderia automatica?

_____

_____

2. Per quale motivo Roscoe non vuole andarci?

_____

_____

3. Come fanno ad entrarci?

_____

_____

4. Perché, alla fine, Jean non è contenta della scelta che ha fatto?

_____

_____

C. COMPLETARE CON IL TRAPASSATO PROSSIMO.

1. I due amici sono andati in una lavanderia che (loro-vedere) _____ _____ vicina all'Università per Stranieri.

2. Hanno portato due sacchi in cui (loro-mettere) _____ _____ tutti i loro vestiti sporchi.

3. Per far funzionare l'asciugatrice, hanno usato i gettoni che (rimanere) _____ _____.

4. Quando la lavatrice si è messa in moto, Roscoe ha

guardato con stupore Jean, perché (lei-riuscire)
_____ _____ a farla funzionare.

5. Quando Roscoe ha messo il decimo Euro, non ha ricevuto
alcun gettone perché la macchina (rompersi)
_____ _____ _____.

6. Quando sono usciti dalla lavanderia, hanno preso un tassì
che Roscoe (chiamare) _____ _____ per
telefono.

D. COMPLETARE CON LE PREPOSIZIONI.

(Puoi usare la stessa preposizione più di una volta)

dell', in, a, nell', di, al, per, al, da, sul

1. I vestiti di Roscoe non sono _____ loro posto
_____ armadio, ma sono sparsi _____
pavimento.

2. Roscoe non ha niente _____ mettersi perché i suoi
vestiti sono tutti sporchi.

3. I due amici camminano _____ Corso Vannucci e
poi girano _____ sinistra _____ andare
_____ lavanderia.

4. Anche se loro andranno _____ corsa _____
albergo, si bagneranno comunque perché piove
_____ dirotto.

5. Dopo aver sentito l'odore _____ fumo dei vestiti,
Jean pensa che non valga la pena _____ portarli in
futuro nella stessa lavanderia.

6. Roscoe prova _____ capire le istruzioni, ma non ci
riesce, perciò ha bisogno _____ aiuto di Jean.

E. INDICARE DOVE È POSSIBILE COMPRARE CIO' CHE È INDICATO NELLA COLONNA DI DESTRA.

1. Pollo allo spiedo   A pasticceria

2. Vestiti   B fruttivendolo

3. Medicine   C grandi magazzini

4. Francobolli   D farmacia

5. Verdura   E tabaccheria

6. Dolci   F rosticceria

F. PER LA DISCUSSIONE IN CLASSE/PER LA PRODUZIONE SCRITTA.

Racconta di quando un improvviso temporale o un acquazzone ha interrotto una partita/un'escursione/una passeggiata/una festa all'aperto.

_____

_____

_____

_____

_____

_____

_____

_____

_____

_____

7 • Saluti via Internet

(Jean è seduta davanti a un computer in un "Internet-café" vicino all'Università per Stranieri. Ha comprato una carta "online," da usare per cinquecento minuti, così ha l'accesso ad Internet per controllare la sua posta elettronica, che non legge da una settimana. Dopo aver letto alcune e-mail, ne vede una della sua insegnante Adriana di New York.)

L'e-mail di Adriana dice:

Cara Jean,

come va all'Università per Stranieri? E a Perugia? Hai trovato una buona sistemazione in un albergo? Ti piace? Sei contenta degli studi e dei tuoi insegnanti? Roscoe è contento? Non vedo l'ora di ricevere tue notizie.

Un caro saluto,

Adriana

Jean risponde:

Cara Adriana,

grazie per il Suo messaggio. Siamo arrivati a Perugia la settimana scorsa. Il nostro albergo è bellissimo. Abbiamo due camere all'ultimo piano. Ci sono molte finestre con vista su tutta la città. C'è un sole magnifico. Siamo fortunati ad avere anche un grande terrazzo vicino alle nostre camere.

Abbiamo iniziato un corso intensivo dieci giorni fa. Non è stato tutto facile. Ma per fortuna Roscoe è riuscito a rendere tutto meno difficoltoso. Le spiegherò ogni cosa quando ci rivedremo. Nella mia classe ci sono quindici studenti: cinque tedeschi, quattro polacchi, due inglesi, un'indiana, una svizzera, un americano e io. Ho due insegnanti: una di lingua, che si chiama Grazia e una di conversazione e di laboratorio linguistico che si chiama Francesca. Tutte e due sono simpatiche, ma capisco soltanto il sessanta per cento di quello che si dice durante la lezione. Le insegnanti parlano in modo chiaro, ma io non conosco molti vocaboli. Provo a imparare la lingua, ma qualche volta è molto difficile e mi sento frustrata. Ho seri problemi a capire gli altri studenti quando parlano l'italiano con il loro accento. Invece, Roscoe dice di capire tutto durante le lezioni, ma non gli credo perché spesso lui pensa di comprendere quando in realtà non è vero.

Usiamo il libro di testo, *Qui Italia*. Lo conosce? L'insegnante dice che durante tutto il mese studieremo due terzi del libro: dall'indicativo all'imperativo. Nel laboratorio di lingua ascoltiamo musica, dialoghi e guardiamo videocassette e poi facciamo degli esercizi per verificare quello che abbiamo capito. La nostra insegnante ci ha promesso che questo mese visiteremo la fabbrica di cioccolato "La Perugina." Ho fatto l'errore di dirlo a Roscoe, perché adesso ne è invidioso: a lui piacciono molto i dolci!

Ogni giorno pranzo alla mensa con la studentessa Manju, che è nata in India ed è sposata con un italiano di Torino. Manju parla bene l'italiano, ma è qui per perfezionare la grammatica. Conosce l'inglese, ma noi due parliamo solamente in italiano: di politica, di film, di lavoro, di famiglia, ecc. Queste conversazioni sono di grande aiuto.

Di solito, dopo pranzo, facciamo una piccola passeggiata e beviamo un caffè prima di ritornare in classe. A proposito di caffè, trovo molto strano che agli italiani non piaccia berlo molto caldo.

Vado a scuola dal lunedì al venerdì: in tutto ho ventisette ore di lezione alla settimana. Inoltre, quando ritorno in camera, studio ancora per molte ore. Una o più volte la settimana, l'università fa vedere dei film italiani gratis per gli studenti. Ne ho visti tre: *La vita è bella, Pane e tulipani, e L'ultimo bacio.* Non ci sono dei sottotitoli in inglese così devo ascoltare attentamente per capire tutto.

Non c'è una palestra nel centro storico ma, in compenso, tre volte al giorno faccio ginnastica salendo e scendendo trecento scalini per andare e tornare dall'università. È un buon esercizio e ho già perso due chili!

Roscoe è contento e Perugia gli piace molto. Cammina dappertutto. Ieri mi ha portato fino al vecchio Acquedotto che è bellissimo. Ha già visto il Duomo, il Museo Nazionale Archeologico, il Palazzo dei Priori, la Sala dei Notari, e la Galleria Nazionale dell'Umbria. Lui ama soprattutto il capolavoro di Piero della Francesca, "Polittico di Sant'Antonio," che presenta una prospettiva interessante.

Gli piacciono tutti i ristoranti della città e si rivolge al cameriere sempre in italiano. Il suo ristorante preferito è "La Taverna" che, naturalmente, è il più caro. Roscoe ordina sempre gli strangozzi al tartufo.

Si è lamentato, perché quando andava al mercato coperto a comprare della frutta, non gli era permesso di toccarla. Un giorno l'ha fatto e il fruttivendolo l'ha sgridato. Roscoe si è offeso e non ci è più ritornato.

 L'ultimo fine settimana siamo andati a Gubbio, una cittadina medievale umbra, che si trova alle pendici di un monte. Per arrivarci da Perugia ci si mette un'ora con l'autobus. Roscoe ha voluto vedere il Palazzo Ducale da dove viene lo studiolo di legno

intagliato che si trova al Museo Metropolitan di New York. Abbiamo dovuto salire molti scalini per arrivare fino in cima alla cittadina dove è situato il Palazzo Ducale. Roscoe ha trovato quest'escursione molto interessante anche se il continuo saliscendi lungo le sue stradine a gradinata gli hanno sviluppato un appetito incredibile. Abbiamo pranzato alla "Taverna del Lupo" e, dopo quattro portate, eravamo così pieni che avremmo dovuto salire di nuovo tutti gli scalini fatti prima di arrivare fin lì, per poter smaltire quello che avevamo mangiato. Questo fine settimana, andremo a vedere Todi, un'altra cittadina medievale umbra.

Ho dimenticato di raccontarLe che domenica scorsa, in serata, ho ricevuto una bella sorpresa: mio cugino Fernando, che non vedevo da trent'anni e a cui avevo mandato una e-mail prima di partire, mi ha telefonato in albergo. È stata la mia prima conversazione telefonica in italiano!

Fernando e la sua famiglia abitano in Abruzzo e spero di andarli a trovare, dopo che Roscoe e io avremo finito il corso.

Per oggi penso di averLe raccontato già molte cose. Le scriverò ancora la prossima settimana.

Cari saluti,

Jean

Capitolo 7 • Esercizi

A. SCEGLIERE LA FRASE GIUSTA.

1. Jean legge la sua posta elettronica
   - A sul suo computer.
   - B in un "Internet-cafè."
   - C sul computer di Roscoe.

2. Quando risponde ad Adriana, Jean dice che
   - A è contenta della sua sistemazione.
   - B la sua camera non è panoramica.
   - C l'albergo non ha l'ascensore.

3. Spesso Jean pranza con una
   - A studentessa indiana.
   - B studentessa italiana di Torino.
   - C signora, che è nello stesso albergo.

4. Lei è dimagrita perché
   - A a Perugia ci sono molte salite.
   - B fa ginnastica in una palestra del centro.
   - C mangia poco.

5. Per andare da Perugia a Gubbio ci vuole
   - A un'ora con il treno.
   - B un'ora con l'autobus.
   - C mezz'ora con l'autobus.

6. Loro andranno a trovare i parenti di Jean
   - A durante il loro soggiorno a Perugia.
   - B alla fine del corso di lingua italiana.
   - C la prossima volta che ritorneranno in Italia.

B. RISPONDERE ALLE DOMANDE.

1. Che cosa chiede Adriana a Jean nella sua e-mail?

2. Quali sono i problemi di Jean con la lingua italiana?

3. Quale visita faranno durante il corso?

4. Di che cosa parla Jean con Manju?

5. Perché Jean ha difficoltà a capire i film italiani?

6. Qual è il piatto preferito di Roscoe?

7. Perché lui non è più tornato al mercato della frutta?

8. Dove andranno i due amici il fine settimana?

9. Perché Jean è particolarmente soddisfatta dopo la telefonata di Fernando?

_____

_____

C. COMPLETARE CON I PRONOMI RELATIVI.

(Puoi usare lo stesso pronome più di una volta)

da cui, chi, con cui, che, di cui, in cui

1. Roscoe dice spesso di capire tutto quello _____ ascolta, ma, secondo Jean, non è vero.

2. La ragazza, _____ _____ parla Jean nella sua e-mail ad Adriana, è indiana.

3. Tra tutti i ristoranti _____ ha frequentato, Roscoe preferisce "La Taverna."

4. Adriana è l'insegnante _____ _____ Jean ha ricevuto una breve e-mail.

5. Il cugino, _____ _____ Jean ha parlato per telefono, si chiama Fernando.

6. L'Abruzzo, la regione _____ _____ abita Fernando con la sua famiglia, non è lontana dall'Umbria.

7. Il Palazzo Ducale, _____ _____ viene lo studiolo di legno, _____ si trova al Metropolitan di New York, è a Gubbio, a pochi chilometri da Perugia.

8. _____ non conosce bene l'italiano, ha difficoltà a capire le istruzioni per il funzionamento delle macchine.

D. COMPLETARE CON LE PREPOSIZIONI.

(Puoi usare la stessa preposizione più di una volta)

al, di, con

1. Fare delle lunghe chiacchierate con Manju è _____ grande aiuto a Jean.

2. Jean sale e scende molti scalini tre volte _____ giorno.

3. Roscoe mangia volentieri gli strangozzi _____ tartufo.

4. Roscoe si è offeso _____ il fruttivendolo del mercato perché non gli ha permesso _____ scegliere la frutta.

5. I due amici, nonostante i piccoli problemi che hanno incontrato, sono contenti _____ essere in Italia.

6. Jean scrive ad Adriana che le sue insegnanti sono simpatiche e gentili _____ lei.

E. CAMBIARE DAL DISCORSO DIRETTO AL DISCORSO INDIRETTO.

Es. Jean dice: "Abbiamo iniziato il corso intensivo dieci giorni fa e Roscoe mi ha aiutata a fare l'iscrizione all'università e l'abbonamento dell'autobus."

Jean dice che hanno iniziato il corso intensivo dieci giorni fa e che Roscoe l'ha aiutata a fare l'iscrizione all'università e l'abbonamento dell'autobus.

1. Roscoe afferma: "Capisco tutto quello che dicono le insegnanti."

   _____

   _____

2. I due amici dicono: "Ci piacciono tutti i ristoranti di Perugia che abbiamo frequentato, ma preferiamo soprattutto "La Taverna."

   _____

   _____

3. Adriana chiede: "Siete contenti della sistemazione, del corso e delle insegnanti?"

   _____

   _____

4. Il fruttivendolo dice a Roscoe: "Non tocchi la frutta, gliela prendo io."

   _____

   _____

F. SCRIVERE IL CONTRARIO DI OGNI AGGETTIVO.

1. Contento/a _____

2. Simpatico/a _____

3. Caro/a _____

4. Permesso/a _____

5. Stancante _____

6. Sazio/a _____

7. Pieno/a _____

G. FORMARE UNA FRASE CON OGNI AGGETTIVO SCRITTO SOPRA.

_____

_____

_____

_____

_____

_____

_____

_____

_____

_____

_____

H. PER LA DISCUSSIONE IN CLASSE/PER LA PRODUZIONE SCRITTA.

1. Qual è il tuo rapporto con il computer? Lo usi spesso? Quante ore al giorno?

2. Lo usi soprattutto per mandare e-mail, per giocare, per navigare su Internet o per lavoro?

_____

_____

_____

_____

_____

_____

_____

_____

_____

_____

_____

_____

8 • Roscoe va a fare spese

(È una bella giornata. Roscoe esce molto presto dall'albergo perché vuole fare delle spese. Per prima cosa va in una tabaccheria.)

La tabaccaia: "Buongiorno. Desidera?"

Roscoe: "Buongiorno. Vorrei una scheda telefonica da usare sia in Italia che all'estero."

La tabaccaia: "In Europa?"

Roscoe: "Sì e anche negli Stati Uniti."

La tabaccaia: "Eccola. Cinque Euro."

Roscoe: "Grazie e arrivederLa."

(Roscoe esce dal negozio e va ad un telefono pubblico <Telecom Italia>, compone il numero e si accorge subito che la scheda non è automatica. Dice a se stesso: "Ah, cominciamo con i problemi! Devo chiedere una scheda automatica." Ritorna in

tabaccheria e la cambia. Esce e va ad un'edicola a comprare un quotidiano dell'Umbria. Ogni giorno ne compra uno per provare a leggere due o tre articoli senza dizionario. Si ferma da Sandri, un bar famoso del centro storico di Perugia, si siede fuori a un tavolino, ordina un cappuccino e un cornetto e comincia a leggere il giornale. Un titolo attira la sua attenzione: "Bandito solitario rapina una banca con una pistola giocattolo e fugge a piedi." "Mah, che ingenuità!" esclama dopo aver finito di leggere l'articolo e aver sorseggiato il suo cappuccino. Osserva la gente che passeggia lungo il Corso Vannucci e dopo un po', decide di andarsene.)

Roscoe: "Cameriere, vorrei pagare!"

Cameriere: "Va bene, vengo subito!"

(Roscoe paga, lascia la mancia e la ricevuta sul tavolo. Il cameriere gli corre dietro.)

Cameriere: "Signore! Signore! La Sua ricevuta. La prenda, per favore, altrimenti possono farci una multa! Bisogna rispettare la legge."

(Roscoe la mette in tasca e ricorda che in Italia si deve sempre prendere la ricevuta quando si esce da un negozio o da un ristorante. Si avvia verso Piazza Matteotti. Mentre cammina, vede delle belle cinture nella vetrina di un piccolo negozio d'abbigliamento. Si ferma, entra e ne compra tre. Ogni cintura è di pelle nera. Poco dopo si dirige verso Via Oberdan per guardare altre vetrine. A un tratto vede un negozio di libri "La Libreria." Non lo conosce, ma

entra perché gli piacciono molto i libri. La libreria è grande ed è disposta su tre piani. Roscoe li esplora tutti e tre e trova tanti libri che vorrebbe leggere. In tre ore ne compra quarantotto e se li fa mandare in albergo.

Sono le tredici. Ha fame così decide di passare a prendere Jean in albergo per andare a pranzo insieme. Nel frattempo i libri sono già arrivati.)

(In albergo)

Jean: "Ciao, Roscoe. Come sono andate le spese?"

Roscoe: "Molto bene. Ho comprato tre bellissime cinture nere di pelle. Dopo ho trovato una libreria ben fornita e lì ho comprato tanti libri."

Jean: "Quali libri hai comprato?"

Roscoe: "Ne ho comprate tre serie. Per prima ho acquistato *"Arrivano i Peanuts"* perché mi piacciono molto

Snoopy e Charlie Brown. Ho anche trovato una serie per bambini. Non ridere! Questi libri sono molto più difficili di quanto tu creda e spero che tu possa leggerli. Il titolo di un libro è *"Vieni a Roma!"* Gli altri titoli sono: *"Tanti Sport,"* *"Margherita Maestra Innamorata,"* ecc. Infine ho trovato un'altra serie di racconti per studenti stranieri, come noi, suddivisi in cinque livelli. Questi libri permettono allo studente di leggere un testo in italiano senza usare il dizionario. Le storie, come *"Il Signor Rigoni,"* *"Amore in Paradiso,"* *"Mediterranea,"* ... sono molto interessanti. Ho trovato anche ...."

(Jean lo interrompe.)

Jean: "Ma quanti libri hai comprato?"

Roscoe: "Uhm ... quarantotto."

Jean: "Quarantotto?!! Non ci posso credere. Sei pazzo! Come li porteremo in aereo? Non abbiamo abbastanza valigie."

(Roscoe capisce che Jean comincia a arrabbiarsi e pensa a una soluzione.)

Roscoe: "Ho un'idea. Troverò una scatola grande in cui metterò tutti i libri. Poi andremo alla posta per spedirli a casa, a New York."

Jean: "Andremo alla posta? Che cosa significa noi? Che sia chiaro, non ho comprato io i libri, ma tu!"

Roscoe: "Lo so, lo so, ma tu puoi capire meglio di me tutte le istruzioni che ci daranno all'ufficio postale."

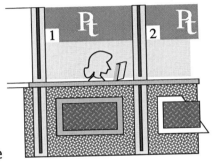

Jean: "Roscoe, sei mai stato alle Poste Italiane? Ti ricordi i problemi per acquistare l'abbonamento dell'autobus? Beh, le Poste Italiane sono due volte peggio!"

Roscoe: "Non preoccuparti, vedrai che tutto andrà bene. Adesso andiamo a pranzo, è l'ora di chiusura dei negozi e abbiamo solo tre ore di tempo."

(Più tardi, Roscoe trova una scatola enorme e insieme a Jean imballano i libri e li portano all'ufficio postale. Qui, naturalmente, la fila è lunga e gli impiegati lavorano molto lentamente. Jean, prevedendo il peggio, ha fatto una lista di tutto quello che dovrà chiedere all'impiegato dello sportello pacchi. Finalmente è il loro turno.)

Jean: "Vorremmo spedire questo pacco contenente libri negli Stati Uniti. Quanto costa?"

(L'impiegato solleva lo scatolone con un grande sforzo e, brontolando, lo porta in un'altra stanza per pesarlo.)

L'impiegato: "Il peso è di otto chili. Costerà settanta Euro per spedirlo con l'aereo e arriverà tra due settimane."

Jean: "C'è un altro mezzo meno caro per spedirlo?"

L'impiegato: "La nave è il mezzo più economico. Costa solo trentacinque Euro, ma il pacco arriverà fra tre mesi."

Roscoe: "Tre mesi?!

Jean: *(Si gira verso Roscoe)* "Roscoe, sta' zitto!" *(All'impiegato)* "Va bene. Spediamo la scatola per posta aerea. Costerà sempre meno del conto di un chiroterapeuta al quale dovremmo rivolgerci dopo averla trasportata noi!!"

L'impiegato: "Riempia questo modulo e ritorni a questo sportello."

(Jean e Roscoe si spostano al banco accanto e cominciano a compilare il modulo. Quando finiscono si rimettono in fila. Ci sono sei persone davanti a loro. Dopo venti minuti di attesa è il loro turno.)

Jean: "Ecco il modulo."

L'impiegato: "Deve pagare settanta Euro."

Jean: "Ecco la mia carta di credito."

(Jean firma la ricevuta e, una volta fuori dall'ufficio postale, si rivolge a Roscoe.)

Jean: "Abbiamo trascorso quarantacinque minuti all'ufficio postale e il costo per spedire la tua scatola di libri è veramente alto. Spero che ne valga la pena!"

Roscoe: "Oh sì, altro che! Grazie per il tuo aiuto. Sarei stato perso senza di te. Andiamo al bar, ti offro un caffè."

Capitolo 8 • Esercizi

A. SCEGLIERE LA FRASE GIUSTA.

1. Roscoe esce la mattina presto
   - ☒ dall'hotel.
   - B dalla camera.
   - C dal mercato.

2. Dapprima Roscoe va in
   At first
   - A farmacia.
   - ☒ tabaccheria.
   - C libreria.

3. Roscoe vuole comprare una scheda telefonica
   - ☒ automatica.
   - B semplice.
   - C internazionale.

4. Roscoe paga e lascia la mancia e la ricevuta
   - A sul banco.
   - ☒ sul tavolino.
   - C al cameriere.

5. Mentre cammina, Roscoe vede delle belle cinture in
   - A un negozio di scarpe.
   - ☒ una pelletteria.
   - C un negozio di dischi.

6. La libreria è spaziosa ed è situata su
   - A un piano.
   - ☒ più di due piani.
   - C quattro piani.

7. Roscoe compra
   - A quindici libri.
   - ☒ più di quaranta libri.
   - C un libro.

B. RISPONDERE ALLE DOMANDE.

1. Perché Jean si arrabbia con Roscoe, quando sente che ha comprato molti libri?

   Roscoe non ha spazio nella valigie.

2. Che cosa propone Roscoe per non portare i libri con loro durante il viaggio di ritorno? _Propone di spedire Roscoe può ~~andrebbe~~ alla posta per spedirli a casa._

3. Che cosa fa Jean per ricordarsi quello che dovrà chiedere all'impiegato delle Poste?

   Jean scrive una lista della domande prima.

4. Quanto pesa il pacco? Quanto pagano?

   ↳ Otto chili, settanta euro per due settimane, ma trentacinque euro per tre mesi.

C. COMPLETARE CON GLI ARTICOLI.

(Puoi usare lo stesso articolo più di una volta.)

un, la, i, lo, una, il, le, un, l'

1. Roscoe va in ___Una___ tabaccheria.

2. Compra ___~~Una~~ la___ scheda telefonica da usare sia in Italia che all'estero.

3. Roscoe si ferma da Sandri, ___Un___ bar famoso di Perugia.

4. Roscoe paga e lascia _____ la _____ mancia e _____ lo _____ scontrino sul tavolo.

5. Roscoe ricorda che in Italia si deve sempre prendere _____ la _____ ricevuta quando si esce da _____ il _____ negozio o da _____ la _____ ristorante.

6. Roscoe esplora tutti e tre _____ i _____ piani della libreria e trova tanti libri che vorrebbe leggere.

7. Questi libri permettono allo studente di leggere _____ un _____ testo senza usare _____ il _____ vocabolario d'italiano.

8. Troverò _____ la _____ (una o) scatola grande dove metterò tutti _____ i _____ libri.

9. Tu puoi capire meglio di me tutte _____ un _____ istruzioni che ci daranno all'ufficio postale.

10. Ti ricordi _____ la il _____ dramma per acquistare _____ l' _____ abbonamento all'autobus?

D. COMPLETARE CON LE PREPOSIZIONI.

(Puoi usare la stessa preposizione più di una volta.)

| dall', alle, a, del, nella, all', in, alla, di, dal, da |

1. Roscoe va _____ a _____ fare spese.

2. Roscoe esce molto presto _____ dall' _____ albergo perché vuole fare spese. Prima va _____ in _____ una tabaccheria.

3. Vorrebbe una scheda telefonica _____ da _____ usare sia _____ in _____ Italia che _____ all' _____ estero.

4. Lui esce _____ dal _____ negozio e va _____ a _____ telefonare.

5. Si ferma ___da___ Sandri, un famoso bar ___dal___ centro ___di___ Perugia.

6. Roscoe comincia ___a___ leggere il giornale.

7. Alle fine decide ___di___ andarsene. ~to go away

8. Vede delle cinture ___nella___ vetrina ___di___ un piccolo negozio.

9. Jean e Roscoe vanno ___alla___ Posta.

10. Roscoe non era mai stato ___alle___ Poste Italiane.

E. COMPLETARE CON I PRONOMI.

(Puoi usare lo stesso pronome più di una volta.)

te, la, lui, gli, ne, li, le

1. Quando Roscoe esce dal bar, il cameriere ___gli___ corre dietro.

2. Roscoe vede una libreria. Non ___la___ conosce, ma entra perché ___gli___ piacciono molto i libri.

3. In questo negozio, tre ore dopo, Roscoe decide di comprare dei libri. ___Ne___ compra quarantotto.

4. Roscoe ha un'idea: troverà una scatola grande in cui metterà tutti i libri per spedir___li___ a casa, a New York.

5. Roscoe sa che Jean può capire meglio di ___lui___ tutte le istruzioni che ___gli___ daranno all'ufficio postale.

6. Jean ___gli___ dice che ha comprato troppi libri.

Roscoe risponde a Jean: Grazie per il tuo aiuto. Sarei stato perso senza di ___le___.

7. Jean e Roscoe vanno al bar dove Roscoe ___te___ offre un caffè.

F. CAMBIARE DAL DISCORSO DIRETTO AL DISCORSO INDIRETTO.

Es. **Roscoe:** "Vorrei una scheda telefonica da usare sia in Italia che all'estero."

Roscoe dice che vorrebbe una scheda telefonica da usare sia in Italia che all'estero.

1. **Cameriere:** "Prenda la Sua ricevuta, per favore, se non vuole rischiare di pagare una multa!"

_____

_____

2. **Jean:** "Vorremmo spedire questo pacco di libri negli Stati Uniti."

_____

_____

3. **Jean:** "Posso pagare con la carta di credito?"

_____

_____

4. **Roscoe:** "Sarei stato perso senza di te. Andiamo al bar a bere qualcosa."

_____

_____

G. METTERE LA PAROLA ACCANTO ALLA DEFINIZIONE.

1. Si legge sulla copertina del libro.
   Il _____

2. È un'arma pericolosa, ma può essere anche un giocattolo.
   La _____

3. Serve per tenere su i pantaloni.
   La _____

4. Si leggono nei giornali.
   Gli _____

5. Si lascia al cameriere quando si paga il conto.
   La _____

6. È necessario leggerle e capirle per far funzionare una macchina, un giocattolo, un oggetto.
   Le _____

H. PER LA DISCUSSIONE IN CLASSE/PER LA PRODUZIONE SCRITTA.

1. Se un giorno tu andassi in vacanza in Italia, quali souvenir compreresti?

2. Sei mai stato in Italia? Parla della città che hai visitato e delle tue impressioni su questo Paese.

3. Quali sono i luoghi comuni sull'Italia (cioè che cosa si dice di solito sull'Italia e sugli italiani nel tuo Paese).

_____

_____
_____

9 • Una gita in Abruzzo

(Jean incontra Roscoe nell'atrio di Palazzo Gallenga prima della loro lezione.)

Jean: "Ciao Roscoe. Ho una bella notizia da darti."

Roscoe: "Quale?"

Jean: "Stamattina sono andata a noleggiare una macchina."

Roscoe: "Per il nostro viaggio in Abruzzo?"

Jean: "Sì e mi hanno fatto un buon prezzo. Possiamo partire il prossimo fine settimana. Che ne pensi?"

Roscoe: "Va benissimo. Sono molto curioso di conoscere i tuoi parenti italiani. Adesso devo andare o farò tardi. Ciao."

(Alcuni giorni dopo Jean e Roscoe sono in macchina in direzione di Mosciano Sant'Angelo, un paesino in Abruzzo dove abitano i parenti di Jean. Roscoe 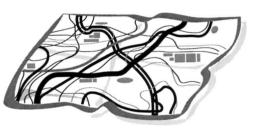 *guida, mentre Jean guarda la cartina e gli indica la direzione. Lei è un po' nervosa perché è la prima volta che si trova su un'autostrada italiana e sa che a Roscoe piace guidare velocemente.)*

Jean: "Roscoe, mi raccomando, va' piano! Guidi come un pazzo."

Roscoe: "Io? Non è vero. Sono gli altri che corrono, guarda come guidano, vanno a centosessanta chilometri all'ora! Roba da pazzi! Tu, a proposito, cerca di rilassarti! Osserva il paesaggio."

(Poche ore dopo raggiungono il Gran Sasso, una zona spettacolare dell'Abruzzo.)

Jean: "Roscoe, guarda il Gran Sasso. Che bellissima montagna! Facciamo una sosta in quel parcheggio, così possiamo fare delle foto."

Roscoe: "Va bene. Oh, eccoci qua!"

(Scendono dalla macchina e guardano il panorama. Vicino a loro c'è una coppia di sposi di Torino che sta facendo delle fotografie. Roscoe si offre di fotografarli con la loro macchina fotografica, e viceversa. Così anche Jean e Roscoe avranno la loro foto-ricordo di quel posto incantevole... È ora di continuare il viaggio e ritornano in macchina.)

Jean: "Oh Dio! Alla macchina manca la mascherina."

Roscoe: "Come? La mascherina?"

Jean: "Sì. Non c'è!"

(Roscoe guarda la macchina e si rende conto della situazione.)

Roscoe: "Non preoccuparti! Dove abbiamo noleggiato la macchina non se ne accorgeranno."

Jean: "Dobbiamo farla aggiustare."

Roscoe: "Dove? In montagna, sull'autostrada?"

(Senza più discutere, continuano il loro viaggio e arrivano a Giulianova nel tardo pomeriggio. Giulianova è una città sul mare in Abruzzo. Jean vede il segnale "Volkswagen.")

Jean: "Roscoe, gira a sinistra all'officina della Volkswagen. Voglio sapere se lì possono mettere una mascherina alla macchina."

Roscoe: "Va bene, ma penso che sia inutile provare. È troppo tardi: è venerdì pomeriggio. Ci faranno lasciare la macchina fino alla prossima settimana."

(Jean parla con il capo dei meccanici che è di servizio e, dopo poco, un altro meccanico viene a dare un'occhiata alla macchina, va a prendere una mascherina e la installa subito. Roscoe è senza parole. Jean va nell'ufficio a pagare e poi ritorna in macchina.)

Roscoe: "Quanto è costato?"

Jean: "Non ci credo... Soltanto cinque Euro."

Roscoe: "Cinque Euro?! Non posso crederci!"

Jean: "Adesso che la macchina ha una mascherina, mi sento meglio. Andiamo a cercare un albergo qui vicino. Domani andremo dai miei parenti a Mosciano."

(Il giorno dopo, Jean va con Roscoe a far visita ai suoi parenti che non vede da trent'anni. Prima vanno a trovare i cugini che abitano in una fattoria. Tutti sono emozionati nel rivedere Jean e nel conoscere Roscoe. Jean c'era già stata con suo padre tanti anni fa. A quel tempo i cugini abitavano in una vecchia casa colonica dove gli animali dormivano ancora al pianterreno e la famiglia abitava al primo piano. Adesso tutto è cambiato: tutto è moderno, la casa è stata ristrutturata e gli animali dormono in una stalla vicina. Durante la visita i cugini mostrano le foto che erano state fatte con Jean e suo padre durante la loro prima

visita. Ridono e, allo stesso tempo, si commuovono
ricordando i bei momenti trascorsi insieme.

Dopo aver fatto molte foto, Jean e Roscoe escono e vanno a
far visita al cugino Fernando e alla sua famiglia che abitano
in un appartamento nel centro storico di Mosciano. È
un'altra bellissima riunione: una cena ottima, una buona
conversazione e molti piacevoli ricordi. Jean e Roscoe sono
molto contenti di parlare
con tutti in italiano,
anche se non
perfettamente. Ma il
momento della partenza
arriva: i due amici
promettono che
ritorneranno presto.)

Roscoe: *(In macchina,*
tornando a Perugia.) "I
tuoi parenti sono veramente fantastici. Mi piacciono molto.
Il cibo che hanno preparato era buonissimo. Torniamo a
trovarli il prossimo anno?"

Jean: "Spero di sì. Sai Roscoe, sei una persona simpatica.
Non ci vuole molto per farti felice: una buona
conversazione, un buon pasto, un buon vino e sei in
Paradiso."

Roscoe: "Sì. Ricorderò a lungo questa gita."

Jean: "Anch'io. Adesso penso che dormirò e lascerò a te la
guida."

Capitolo 9 • Esercizi

A. SCEGLIERE LA FRASE GIUSTA.

1. I due amici vanno in Abruzzo
   - A con la loro macchina.
   - B con una macchina noleggiata.
   - C con il pullman.

2. Fanno una sosta vicino al Gran Sasso
   - A solo per ammirare la montagna.
   - B per ammirare il paesaggio e fare delle foto.
   - C per parlare con due amici.

3. Roscoe
   - A ha una guida veloce.
   - B è prudente nella guida.
   - C guida piano, ma non capisce la segnaletica.

4. I due amici si fermano all'officina della Volkswagen
   - A perché sono senza benzina.
   - B per problemi al motore.
   - C per mettere la mascherina.

5. I due amici sono in macchina
   - A da soli.
   - B con i cugini.
   - C con due amici.

6. Jean era già stata a Mosciano con suo padre
   - A tre settimane prima.
   - B tanti anni prima.
   - C sei mesi prima.

B. RISPONDERE ALLE DOMANDE.

1. Perché Jean noleggia una macchina?

_____

_____

2. Quando si accorgono che alla macchina manca la mascherina?

_____

_____

3. Come risolvono questo problema?

_____

_____

4. Dove abitavano prima i cugini di Jean?

_____

_____

5. Che cosa fanno i due amici a casa dei cugini?

_____

_____

C. COMPLETARE CON GLI ARTICOLI.

(Puoi usare lo stesso articolo più di una volta.)

un', le, il, una, la, un, i

1. Jean ha noleggiato _____ macchina.

2. Roscoe guida, mentre Jean guarda _____ cartina stradale della zona e gli indica _____ direzione da seguire.

3. Jean è nervosa perché è _____ prima volta che si trova su _____ autostrada italiana.

4. Roscoe guida come _____ matto.

5. Jean osserva _____ paesaggio.

6. I due amici ammirano _____ panorama.

7. Jean vede _____ segnale "Volkswagen."

8. _____ meccanico dà _____ occhiata all'automobile.

9. Durante _____ visita, _____ cugini mostrano _____ foto di Jean e suo padre di molti anni prima.

D. COMPLETARE CON LE PREPOSIZIONI.

(Puoi usare la stessa preposizione più di una volta.)

in, dalla, alla, sull', di, da, della, dell'

1. Roscoe è molto curioso _____ conoscere i parenti di Jean.

2. Jean e Roscoe sono _____ macchina _____ direzione _____ Mosciano Sant'Angelo, un paesino _____ Abruzzo dove abitano i parenti _____ Jean.

3. Jean e Roscoe scendono _____ macchina.

4. _____ macchina manca la mascherina.

5. Roscoe guarda la macchina e si rende conto _____ situazione.

6. I due amici sono _____ montagna, _____ autostrada.

7. Jean e i suoi cugini non si vedono _____ trent'anni.

E. COMPLETARE CON GLI AGGETTIVI POSSESSIVI.

(Puoi usare lo stesso aggettivo più di una volta.)

i tuoi, la sua, i miei, suo

1. Roscoe fa una foto alla coppia con _____ _____ macchina fotografica.

2. Jean dice: "_____ _____ parenti abitano a Mosciano."

3. Jean c'era già stata con _____ padre tanti anni prima.

4. Jean e Roscoe chiacchierano molto con Fernando e con _____ _____ famiglia.

5. I parenti di Jean piacciono molto a Roscoe. Le dice: " _____ _____ parenti sono veramente fantastici."

F. TRASFORMARE DAL DISCORSO DIRETTO AL DISCORSO INDIRETTO.

Es. **Roscoe:** "Sono molto curioso di conoscere la tua famiglia. Adesso devo andare o farò tardi."

Roscoe dice a Jean che è molto curioso di conoscere la sua famiglia, ma deve andare o farà tardi.

1. **Jean:** "Roscoe, mi raccomando, va' piano! Non guidare come un pazzo."

_____

_____

2. **Jean:** "Adesso che la macchina ha una mascherina, mi sento meglio. Andiamo a cercare un albergo qui vicino. Domani andremo dai miei parenti a Mosciano."

_____

_____

3. **Roscoe:** "I tuoi parenti sono veramente fantastici. Mi piacciono molto. Il cibo che hanno preparato per noi era buonissimo."

_____

_____

4. **Roscoe:** "Torneremo a trovare i tuoi parenti il prossimo anno?"

_____

_____

G. RITROVARE NEL PUZZLE ALMENO QUATTRO AGGETTIVI.

Q	N	M	Z	E	L	P	M	R	U	M	E	F
D	M	A	R	P	A	R	E	T	T	O	T	I
R	Z	N	S	A	B	U	J	E	C	D	A	C
I	N	C	A	N	T	E	V	O	L	E	O	T
H	S	S	B	D	K	Z	L	Q	R	R	G	I
L	O	T	T	F	I	A	E	A	U	N	C	E
Z	U	N	R	R	O	T	T	I	M	O	A	F
R	W	T	U	U	U	M	T	A	I	F	B	H
H	S	P	E	T	T	A	C	O	L	A	R	E
E	L	V	C	A	N	T	T	I	C	A	O	E
L	I	A	T	O	I	O	U	U	K	D	P	S
O	B	T	F	G	K	G	E	R	R	F	A	I
P	E	T	D	W	O	B	U	R	A	A	R	F
R	I	S	T	R	U	T	T	U	R	A	T	O
E	P	P	A	N	O	R	A	M	I	C	O	O

H. SCRIVERE UNA FRASE CON OGNI AGGETTIVO TROVATO.

_____

_____

_____

_____

_____

_____

_____

_____

_____

I. PER LA DISCUSSIONE IN CLASSE/PER LA PRODUZIONE SCRITTA.

1. Secondo te, chi sono più prudenti alla guida, gli uomini o le donne? Esprimi la tua opinione.

2. Descrivi un bel paesaggio che hai potuto ammirare durante il tuo ultimo viaggio.

_____

_____

_____

_____

_____

_____

_____

_____

_____

_____

_____

_____

_____

10 • Una bella sorpresa

(Jean e Roscoe stanno per partire per Firenze dove rimarranno tre giorni. Dopo andranno a visitare Roma, "la città eterna.")

Jean: "Roscoe, perché vai di fretta?"

Roscoe: "Devo andare subito all'università ad incontrare le mie insegnanti. Devono firmare questo foglio dove è scritto che ho superato il test finale; quando il prossimo anno ritorneremo, potrò frequentare il secondo grado senza fare il test d'ingresso. Perché tu sai come funziona qui...! Se farò il test con quella docente dell'ultima volta, lei mi dirà che non conosco le preposizioni o i pronomi e mi rimanderà al primo grado!"

Jean: "Sì... ho capito. Ma che cosa farai se le insegnanti ti diranno che non sei stato promosso?"

Roscoe: "Non preoccuparti. Ieri ho parlato con loro e mi hanno confermato che sono stato promosso. Adesso ho soltanto bisogno delle loro firme. Ciao, a presto!"

Jean: "Non dimenticarti che il treno per Firenze parte a mezzogiorno in punto."

Roscoe: "Ho capito. Le mie valigie sono già pronte."

(Un'ora dopo Roscoe ritorna con il certificato firmato da entrambe le insegnanti. Quando lo mostra a Jean, lei si congratula e gli dice anche che è molto orgogliosa di lui.)

(Più tardi, in treno, Jean si accorge che Roscoe ha un sorriso sulle labbra.)

Jean: "Sei contento di visitare Firenze?"

Roscoe: "Sì, sì. È la prima volta e sono anche felice di vedere Roma."

Jean: "Anch'io."

(A Firenze, in tre giorni, Jean e Roscoe vedono i monumenti e le opere d'arte più importanti: la Galleria degli Uffizi, la statua del Davide, il Ponte Vecchio, Piazza della Signoria, il Duomo e il suo Campanile. Roscoe sale i quattrocentosessantatré scalini che portano in cima alla cupola del Duomo di Brunelleschi.

Il giorno della partenza per Roma c'è uno sciopero dei treni; così Jean e Roscoe ritardano di un giorno il viaggio. Il giorno dopo, quando arrivano alla stazione di Santa Maria Novella, c'è tanta folla e fa tanto caldo. Roscoe trascina le valigie, suda ed è molto scontento della situazione. Salgono sul treno e partono. Fortunatamente, il viaggio è breve.)

(In treno)

Jean: "Stamattina, mentre andavi a comprare il giornale, ho ricevuto una telefonata da mia cugina Santina che abita a Torino e che non ho mai visto. Fernando le ha dato il numero di telefono del nostro albergo. Mi ha detto che oggi sarà a Roma a far visita a sua sorella, Giovanna, che vive nella capitale con la sua famiglia. Loro sono le cugine di cui ho sentito tanto parlare, ma non le ho mai conosciute. Oggi hanno saputo del mio arrivo a Roma e così hanno espresso il desiderio di incontrarci. Inoltre ci hanno invitato a cena per questa sera a casa loro. Che cosa ne pensi? Vieni anche tu? Ci andiamo insieme?"

Roscoe: "Buona idea! Andiamo a cena da loro."

Jean: "Telefonerò a Giovanna, dopo che ci saremo sistemati in appartamento."

Roscoe: "Guarda, stiamo arrivando alla stazione Termini. Ti ricordi quando in un libro di testo abbiamo studiato la lezione riguardante questa stazione?"

Jean: "Certo che me lo ricordo! Mi interessa vedere se è esattamente come l'ha descritta il libro."

Roscoe: "Con tutte queste valigie dobbiamo prendere un carrello. Ah, eccone uno."

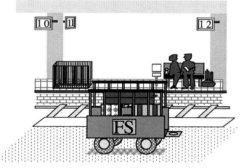

(Jean e Roscoe spingono il carrello con i bagagli verso l'uscita della stazione. All'improvviso due signore, che loro non conoscono, loro vanno incontro con un grande sorriso e li abbracciano. Dopo il primo momento di perplessità, Jean capisce che le signore sono le sue cugine. Che sorpresa per Jean e Roscoe! Non si aspettavano di vederle prima di sera.)

(Le cugine li accompagnano con la loro macchina a Campo dei Fiori dove Jean e Roscoe hanno preso in affitto, per due settimane, un antico appartamento con due camere da letto.)

(Più tardi, verso le diciannove, Jean e Roscoe vanno a cena dalle cugine.)

Jean: "Ho molta fame."

Roscoe: "Anch'io. Pensi che tua cugina sia una buona cuoca?"

Jean: "Non lo so. Ma di solito in Italia tutti cucinano bene."

(Prendono un tassì e dopo una mezz'ora arrivano a destinazione. L'appartamento si trova in una palazzina vicino a via Veneto. Quando entrano, il profumo che proviene dalla cucina è buonissimo. Jean ha portato dei piccoli regali ad ognuno e Roscoe ha portato due bottiglie di vino rosso. Dopo i saluti, tutti si siedono a tavola e si comincia a mangiare. Si parla molto della famiglia, del lavoro, delle politiche americane e italiane. Alla fine della serata, si conoscono tutti veramente bene.)

Roscoe: *(Dopo aver mangiato riso con zucca, pollo con contorno di verdura e insalata...)* "Tutto è squisito ma non posso mangiare più niente."

La cugina: "Ma ho fatto una torta speciale per voi."

Roscoe: "Una torta! Allora troverò dello spazio per mangiarla!"

(La torta è ottima ed anche il caffè che viene offerto dopo cena.)

Jean: "Roscoe, devo comprare una caffettiera. Il caffè italiano mi piace molto."

Roscoe: "Sono d'accordo. Domani ne acquisteremo una."
(Roscoe è occupato a mangiare la seconda fetta di torta.)

(Verso le ventitré, le cugine accompagnano a casa Jean e

Roscoe con la macchina e, durante il tragitto, loro fanno vedere Roma di notte. È splendida. Tutti i monumenti sono illuminati. Finalmente a mezzanotte arrivano al loro appartamento. Sono molto stanchi, ma felici.)

Jean: "Sono molto stanca... e tu?"

Roscoe: "Sì, sì. Penso che il nostro soggiorno a Roma sarà bellissimo. Le tue cugine sono gentilissime. Non vedo l'ora di ritornare a casa loro per gustare ancora una volta la loro cucina!"

(Durante il soggiorno, Jean e Roscoe scoprono Roma. Visitano i monumenti, le rovine, i musei e i diversi quartieri. A Jean piace molto Piazza Navona; Roscoe, invece, preferisce Trastevere. Fanno delle passeggiate con le cugine e mangiano ancora molte volte da loro. Ma purtroppo è arrivato il momento della partenza...che tristezza!)

(Due settimane dopo a New York. Jean e Roscoe sono a pranzo con la loro insegnante Adriana. Lei è molto contenta di rivederli ed è curiosa di ascoltare le loro esperienze fatte in Italia.)

Adriana: "Allora com'è andata? Raccontatemi tutto... della scuola, dei parenti italiani, del viaggio...."

(Roscoe comincia.)

Roscoe: "All'università ci siamo trovati benissimo. Le insegnanti e gli studenti sono stati molto gentili. Il corso è stato molto stressante, ma interessante e Perugia mi è piaciuta molto."

Jean: "Inoltre, rivedere i miei cugini abruzzesi dopo tanti anni è stata un'esperienza bella e emozionante."

(La conversazione continua per due ore. Alla fine Jean le domanda che cosa devono fare per continuare a studiare

l'italiano e mantenere il livello di competenza linguistica raggiunto a Perugia.)

Adriana: "Perché non vi iscrivete a un corso di conversazione qui? Sarò io la vostra insegnante. Il gruppo di studenti è molto stimolante e divertente."

Roscoe: "Magari! Non vedo l'ora! Adesso sì che potrò dialogare con tutti!"

Capitolo 10 • Esercizi

A. SCEGLIERE LA FRASE GIUSTA.

1. Prima di partire, Roscoe
   va all'università

   A per fare il test finale.
   B per avere la firma
   delle insegnanti del corso.
   C per ritirare il diploma.

2. Le cugine di Jean sono
   ad attenderli

   A alla stazione di Roma.
   B alla stazione di Firenze.
   C al casello dell'autostrada.

3. I due amici soggiornano

   A in un albergo.
   B a casa della cugina.
   C in un appartamento in
   affitto.

4. La cena della cugina

   A è buona, ma non
   abbondante.
   B è squisita.
   C piace solo a Jean, ma non
   a Roscoe.

5. Il giorno dopo, i due
   amici vogliono comprare

   A una caffettiera.
   B un souvenir.
   C una teiera.

B. RISPONDERE ALLE DOMANDE.

1. Perché Jean è orgogliosa di Roscoe?

_____

_____

2. Perché ritardano la partenza da Firenze?

_____

_____

3. Quale sorpresa trovano alla stazione Termini?

_____

_____

4. Che cosa pensa Roscoe delle cugine di Jean?

_____

_____

5. Che cosa fanno a New York per continuare a studiare la lingua italiana?

_____

_____

C. COMPLETARE CON IL CONGIUNTIVO PRESENTE E PASSATO.

1. Jean pensa che Roscoe non (superare) _____ il test per passare al secondo grado.

2. Jean teme che il suo amico (potere) _____ dimenticare che il treno partirà a mezzogiorno.

3. Roscoe spera che Jean (essere) _____ orgogliosa di lui.

4. Loro non si aspettano che le due cugine (andare)
_____ alla stazione a prenderli.

5. Roscoe non sa che la cugina di Jean (preparare)
_____ _____ un'ottima cena.

6. I parenti di Jean sono contenti che i due amici (stare)
_____ _____ bene e (gradire) _____
_____ la cena.

7. Giovanna è contenta che i due amici (accettare)
_____ _____ il suo invito.

D. VOLGERE AL PLURALE LE FRASI.

1. L'insegnante dell'università per Stranieri di Perugia è
gentile.

_____

_____

2. Per avere l'attestato di frequenza, è necessaria la firma
dell'insegnante del corso.

_____

_____

3. La cugina di Jean è felice di incontrarla e di fare una
passeggiata con lei.

_____

_____

4. Dobbiamo prendere un carrello, perché questa valigia è
pesante.

_____

_____

5. L'appartamento che hanno affittato è piccolo, ma confortevole e antico.

_____

_____

6. Sua cugina è una brava cuoca.

_____

_____

7. Il piatto che sua cugina ha preparato è squisito.

_____

_____

E. UNIRE IL VERBO AL SOSTANTIVO.

1. Fare   A un desiderio

2. Esprimere   B una sorpresa

3. Dare   C gli scalini

4. Mandare   D la partenza

5. Frequentare   E appuntamento

6. Rimandare   F un messaggio

7. Contare   G un corso di lingua straniera

F. PER LA DISCUSSIONE IN CLASSE/PER LA PRODUZIONE SCRITTA.

1. Hai mai fatto una sorpresa a un parente/una parente, un amico?

2. Qual è stata la sua reazione?

3. Parla di una persona della tua famiglia.

_____

_____

_____

_____

_____

_____

_____

_____

_____

_____

_____

_____

Epilogo

Tornati a New York dal loro viaggio in Italia, Jean e Roscoe decidono di continuare a studiare l'italiano. Si uniscono a un gruppo di conversazione che si incontra una volta alla settimana. Jean è contenta di parlare e socializzare con gli altri studenti che conoscono bene l'italiano. Anche Roscoe è molto soddisfatto del corso ed è contento di poter finalmente confrontare le sue opinioni con quelle degli altri studenti.

APPUNTI

TITLES AVAILABLE FROM EDIZIONI FARINELLI

CULTURE

Non soltanto un baule
ISBN 978-0-9723562-5-1

This award-winning advanced-level Italian reader captures the struggles that millions of Italians experienced in their search for a better life outside of Italy. Each immigrant's story, told through the voices of descendants or friends, richly expresses the emotion, pride and heartbreak of their emigration to the United States, Australia, Argentina or Canada.

IDIOMS AND EXPRESSIONS

Uffa!
ISBN 978-0-9786016-3-8

Students can quickly build familiarity and develop a feel for how to use Italian idiomatic expressions by reading dialogues that explore issues foremost among young people – relationships with parents, friendship, school exams, choosing a career and more. The text also contains comprehension and grammar exercises as well as notes to clarify how certain verbs are used in idiomatic forms.

Separate answer key also available.

 EDIZIONI FARINELLI

MUSIC STUDY PROGRAM

E RITORNO DA TE *(The Best of Laura Pausini)*
ISBN 978-0-9795031-1-5

This *Music Study Program* helps intermediate and advanced students of Italian deepen their knowledge of the language through focused listening to contemporary Italian music.

READERS AND EXERCISES

Mi diverto con Gianluigi!

ISBN 978-0-9795031-4-6

A beginning-level Italian reader that tells the story of a delightful Italian boy through the eyes of an American Italian teacher who visited his town, Fornelli (Molise), during summers. The illustrated reader has 10 units each with a dialogue or narrative, accompanying exercises for comprehension, speaking and conversation, and a vocabulary chart.

Separate answer key also available.

Jean e Roscoe vanno a Perugia

ISBN 978-0-9723562-1-3

An intermediate-level Italian reader recounting the month-long adventures of two students studying the language in Perugia, Italy while learning to cope with the Italian way of life. Includes exercises for comprehension, grammar, conversation, writing and vocabulary.

Separate answer key also available.

Diario della studentessa Jean (2nd Edition)

ISBN 978-0-9723562-7-5

An advanced beginner-level Italian reader containing 23 easily readable, brief stories ranging from memories of childhood and events of daily life to dialogues about Italian class.

Eserciziario per Diario della studentessa Jean

ISBN 978-0-9723562-8-2

A comprehensive workbook for in-class use or self study to accompany the stories in *Diario della studentessa Jean* along with practice exercises on grammar points, such as prepositions, pronouns and irregular verbs.

Separate answer key also available.

TITLES AVAILABLE FROM EDIZIONI FARINELLI

LISTENING AND COMPREHENSION

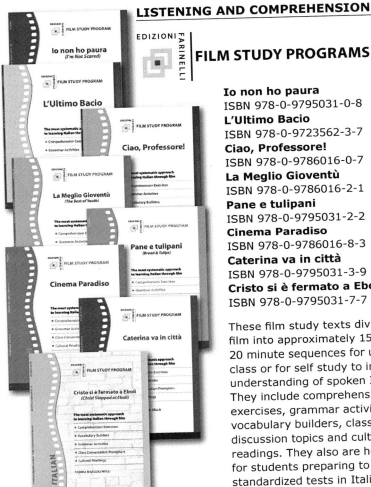

FILM STUDY PROGRAMS

Io non ho paura
ISBN 978-0-9795031-0-8
L'Ultimo Bacio
ISBN 978-0-9723562-3-7
Ciao, Professore!
ISBN 978-0-9786016-0-7
La Meglio Gioventù
ISBN 978-0-9786016-2-1
Pane e tulipani
ISBN 978-0-9795031-2-2
Cinema Paradiso
ISBN 978-0-9786016-8-3
Caterina va in città
ISBN 978-0-9795031-3-9
Cristo si è fermato a Eboli
ISBN 978-0-9795031-7-7

These film study texts divide each film into approximately 15-to-20 minute sequences for use in class or for self study to improve understanding of spoken Italian. They include comprehension exercises, grammar activities, vocabulary builders, class discussion topics and cultural readings. They also are helpful for students preparing to take standardized tests in Italian.

....

For more information or to order, contact:
EDIZIONI FARINELLI
20 Sutton Place South
New York, NY 10022
+ 1-212-751-2427
edizioni@mindspring.com
www.edizionifarinelli.com